20代元OLでも
できた！

儲かる「民泊・旅館」投資のはじめ方

大橋 あやか

はじめに

読者の皆さま、はじめまして。大橋あやかと申します。

学生時代から民泊投資に関わっており、現在は1棟につき1～3室程度の小ぶりな「民泊・旅館」の運営を東京都内で行っています。

具体的には旅館用の新築物件のプランニングから、建築、立ち上げ、運営までをワンストップでサポートさせていただいています。

２０２５年１月現在、11棟23室を稼働させており、２０２５年夏までにさらに３棟６室を民泊・旅館として立ち上げるため奔走しています。

おかげさまで売上も好調でコロナ明けからのインバウンドの大波の影響もあり、２０２４年12月の稼働率は93・５％でした。この先も順調に予約は埋まっています。

プライベートでは、夫と少し暴れん坊なトイプードル一匹と暮らしており、仕事と家事の両立をしながら奮闘する毎日を送っています。

なお、本書のタイトルにもしました「民泊・旅館」は私の造語です。

かつてグレーな民泊手法が横行する時代に、いち早く旅館業の認可を得て良質な住宅を使った宿泊業をしていたこと。また、民泊の定義は明確ではないものの、「住宅を活用して宿泊施設として提供するサービス」を指すことから、双方を掛け合わせ「民泊・旅館」という用語を使っています。

インバウンド需要はまだまだ伸びる!

そもそも私が民泊と出会ったのは、今から9年前の2015年。当時は国際系の学部で学ぶ大学生でした。

まだ民泊という言葉も浸透していない時代で、民泊予約サイト「Airbnb」は日本でほとんど認知されいませんでした。

当時のグレーな民泊手法は後に「闇民泊」と呼ばれる無許可営業がほとんど。そんな中、いち早く旅館業法の許可を取得して、事業として始めようとしていたのが、現在一緒に仕事をしているA社のSさんです。

2024年度　私の「民泊・旅館」年間収入と稼働率（一例と合計）

・浅草A棟（2室）

	2024年1月	2024年2月	2024年3月	2024年4月	2024年5月	2024年6月	2024年7月	2024年8月	2024年9月	2024年10月	2024年11月	2024年12月
稼働率	74.2%	82.8%	91.9%	83.3%	96.8%	76.7%	85.5%	71.0%	78.3%	87.1%	86.7%	91.9%
販売客室数	46	48	57	50	60	46	53	44	47	54	52	57
ADR(円)	19580	17425	24179	23765	18942	21299	20163	25638	20068	21402	21500	24521
RevPAR(円)	14527	14421	22229	19796	18330	16329	17236	18193	15713	18640	18633	22544
売上高(円)	900666	836418	1378206	1188252	1136491	979748	1068638	1128072	943196	1155710	1118007	1397714

・渋谷B棟（3室）

	2024年1月	2024年2月	2024年3月	2024年4月	2024年5月	2024年6月	2024年7月	2024年8月	2024年9月	2024年10月	2024年11月	2024年12月
稼働率	73.1%	83.7%	93.5%	88.9%	82.8%	87.8%	87.1%	81.7%	84.4%	92.5%	93.3%	91.4%
販売客室数	68	72	87	80	77	79	81	76	76	86	84	85
ADR(円)	19504	17125	22230	21372	20378	19246	25013	22128	22328	24352	24802	28831
RevPAR(円)	14258	14337	20795	18997	16872	16894	21786	18078	18855	22519	23149	26352
売上高(円)	1326272	1232980	1933972	1709720	1569116	1520458	2026078	1681728	1696960	2094258	2083373	2450635

・渋谷G棟（2室）※2024年8月オープン、高級宿モデル

	2024年8月	2024年9月	2024年10月	2024年11月	2024年12月
稼働率	29.0%	80.0%	82.3%	100.0%	88.7%
販売客室数	18	48	51	60	55
ADR(円)	29822	26248	31250	29027	33990
RevPAR(円)	8658	20998	25706	29027	30149
売上高(円)	536800	1259900	1593770	1741630	1869450

浅草2棟4室
渋谷7棟15室
中野1棟2室、高円寺1棟2室
合計11棟23室運営中！

「これからは、外国人観光客がもっともっと増える！　暮らすように過ごせる旅館をつくれば、お客様がたくさん訪れるだろう」

と、Sさんはおっしゃいました。

そこで英語ができる、国際交流ができる人材が欲しいということで、お声がけいただき、私は大学を1年間休学して、この業界に飛び込みました。

はじめた頃は、それこそ書籍もマニュアルも何もなく、すべてが手探りで、トライ&エラーを繰り返すしかありません。

そこから紆余曲折があり、現在に至るのですが（詳しくは第1章をご覧ください）、か

ってSさんが繰り返し話していた「外国人観光客はもっともっと増える！」は、間違いなく現実のものとなっています。

日本政府観光局（JNTO）の発表によれば、外国人観光客数は完全にコロナ禍前の水準を超える状況です。

２０２４年10月までの累計は３０１９万２６００人となり、１９６４年の統計開始以来、過去最速のペースで３０００万人を突破していることから、２０２４年度の外国人観光客数は、年間でも過去最高を更新するとみられています。

円安やインフレの影響で、庶民の生活は苦しく、なかなかゆとりが持てませんが、インバウンド事業においては、円安は強力な武器となります。

おかげさまで私たちの運営する宿の稼働率は常に９割を超えており、オーナー様もかつてないほどの利益を手にして喜ばれています。

現場の声を知ってもらい損する人を減らしたい

さて、こんな私が本書を執筆することになったのは、「現場にいる人間から、しっかりと正しい情報を伝えたほうがいい」と、Sさんからアドバイスを受けたのがきっかけです。

民泊の指南書はたくさんの数が出版されていますが、実際に読んでみると、その大半は法整備される前のもので古い情報が掲載されています。

詳しくは第4章で解説していますが、2013年に制定された特区民泊（国家戦略特区法）や、2018年に施行された民泊新法（住宅宿泊事業法）など、私たちが行っている旅館業に比べて、営業日数や立地の成約を受ける手法も混同されており、利益の出しやすい「旅館業法の旅館営業」について書かれた書籍がほぼ皆無でした。

インターネットの情報についても同様で、読み切れないくらい大量の情報を得ることができますが、その内容は玉石混交で、初心者が読み解くには難しく感じました。

すべてとは言い切れませんが、間違った情報も出回っています。民泊・旅館にはいくつかの手法があるにも関わらず、「〇〇でないといけない」と決めつけたり、「必ず儲かるからすぐ始めたほうがいい」と無責任に煽ったりするような情報も散見されます。

私たちは都内の好立地にて、旅館業法の旅館営業の許可を取得するケースが多く、需要の見込めない立地や、許認可の制限を受けやすい立地はお勧めしません。

また、高額家賃で物件（戸建て・集合住宅の一室）を借りて、民泊として運用するのはハイリスクであると認識していますが、すでに、そのような民泊を行ってしまい、苦境に陥ってしまっている方からのご相談を受けることがあります。

とくに、高額家賃の物件で民泊として運用しているものの、毎月の家賃や光熱費、清掃費用や管理委託費などがかさみ、経費負けしてしまって赤字が続いているというサラリーマン投資家が非常に増えています。

このように損をする人、後悔する人を少しでも減らしたい思いで執筆にいたりました。

私たちのやり方は、転貸民泊のように数百万円でできるような事業ではありませんが、しっかりと事業計画を立てることで融資を使えますし、短期的ではなく、長期的に安定的な利益を得られます。

そもそも都内で好立地を厳選するため、土地の価格が下がることはなく、これまでの実績でいえば、すべてが値上がりしています。つまり、旅館としての運用益と売却時の利益の両方が見込めるのです。

こうした、「持ってよし、売ってよし」の王道ともいえる不動産投資について、本書を通じて皆さまに知っていただきたいのです。

せっかくならば、目先の利益ではなく、末永い資産形成としての旅館業を行ってみませんか？

そのために必要な知識をまとめたのが本書です。

民泊の現状から稼げるノウハウまで網羅

ここからは、各章の紹介をさせていただきます。

コロナ明けで需要が大きく伸びている今だからこそ、良い話だけでなくて、負の側面も含めて知っていただきたいと考えています。

第1章「**私が民泊運営をはじめたワケ**」では、私の学生時代に、どのように民泊運営に関わっていたのか。

また私が国際系の学部に進学した理由、社会人時代にどんな思いを持って働いていたのか。そして、前職の大企業から転職を決めた経緯についてお話します。

第2章「**インバウンド需要の現状**」では、現在のインバウンド需要について、外国人旅行客の推移と共に解説したいと思います。

コロナ禍で街がシャッター街になったのも今は昔、多くの訪日旅行客が街を行き交い、活気にあふれている日常が当たり前になってきました。

オーバーツーリズムによるトラブルなどといった課題もありますが、国をあげて盛り上がっているのが現状です。この盛り上がりを数字と共にご紹介いたします。

第3章**「間違いだらけの民泊・旅館投資」**では、民泊運営のリスクについてもご紹介したいと思います。

第2章までは、民泊・旅館の活況について紹介しました。しかし光あれば必ず影があるように、ポジティブな話題の裏では、ネガティブな話もあるものです。

誰でも簡単に成功できるかといえば、決してそんなことはありません。脅かしたいわけではありませんが、失敗事例も知ってもらい、損をしないように備えていただきたいです。

第4章**「民泊・旅館投資の基本」**では、実際に民泊・旅館の基本的な知識から、旅館を行うために必要な手続き、また、旅館を行う住宅の選び方や、施設に必要な設備、運営の仕方などのノウハウをお伝えします。

実際の手続きについては、全体的なルールは定まっているものの、詳細については各自治体により変わるところがあります。

第5章**「集客が一番大事！」**では、どのようにお客様を募るか。集客について解説します。どれだけインバウンドが盛り上がっていても、お金をかけて素晴らしい宿を作っても、お客様に泊まってもらわなければビジネスとして成り立ちません。まだノウハウも何もない9年前に、一から立ち上げた私たちのやり方を初めて公開いたします。

第6章**「事例で見る民泊・旅館の可能性」**では、実際に旅館を始めている方、自宅で民泊を始めている方の事例をご紹介します。

私が運営している宿は、旅館業法の旅館が主流ですが、ご家族で民泊新法の宿を運営されている方もいらっしゃいます。

どんなスタイルがあるのかを知って、読者の皆さまの参考にしていただけたら幸いです。

これ以外にも、コラムとして、ゲストとのエピソードをご紹介した「忘れられないゲストとの思い出」をはじめ、私の企画したほぼすべての旅館のデザインを行っている母、「板垣ひろ美へのインタビュー」では、競合との差別化、部屋のイメージづくりの大切さについて聞いています。

商業的に進める私とは違って、家庭的なぬくもりのあるホームステイ型民泊で成功されている「菅妙子さんへのインタビュー」では、ホスピタリティのあり方の多様性が学べます。

くわえて、実際に起こったトラブル事例とその対応を紹介する「トラブルQ＆A」もご用意しました。

それぞれ短いコラムではありますが、実際に民泊・旅館の現場のリアルな声を集めています。

前述したように、良い点だけを述べて、投資を煽るような内容ではありません。地味ですが堅実に進めている、コロナ禍を乗り越えた民泊・旅館のノウハウです。

本書を読んでいただくことで、一人でも後悔される方が減り、一人でも多くの方が笑顔になれるよう願っております。

大橋　あやか

◆目次◆

第1章 私が民泊運営をはじめたワケ

第2章 インバウンド旋風はブームではない

第3章　間違いだらけの民泊投資

第4章

旅館投資の基礎知識

第5章 民泊の儲けは集客で決まる!

第1章
私が民泊運営をはじめたワケ

第1章では私の学生時代に、どのように民泊・旅館の運営に関わっていたのか。また、私が国際系の学部に進学した理由、社会人時代にどんな思いを持って働いていたのか。そして転職を決めた経緯についてお話します。

きっかけは本当に偶然で、最初はちょっとしたお手伝い感覚でした。まさかここで長く深いお付き合いになるとは、当時、夢にも思っていませんでした。

まだ民泊という言葉すら定着していない時代、全て手探りでスタートしました。

20歳、民泊との出会い（2015年）

私が民泊と出会ったのは、今から9年前の2015年です。当時、「Airbnb」は日本ではほとんど認知されておらず、民泊という言葉も普及していない時代でした。

そんな中、民泊を事業として始めようとしていたのが、現在一緒に仕事をしているA社のSさんでした。

Sさんは著名な不動産コンサルタントで、私の母がインテリアデザインの仕事をしている関係で知り合いました。

「これから民泊が世の中で流行っていくから、いち早くやりたい！　それにあたって、国際感覚があって英語にふれている人に手伝ってもらいたい」ということで、当時、国際系の学部に通っていた大学生の私に、お声がけいただいたのです。

詳しいことは全く知りませんでしたが、事業の面白さに魅力を感じ、大学に通いながらアルバイトとしてお手伝いを始めました。始めてみてわかったのは、民泊に英語は必要でないことです。特に最近は、翻訳機能が充実しています。

民泊を試行して数カ月後、A社では本格的に民泊を事業化させることになりました。インバウンド事業の面白さに目覚めた私は、大学を1年休学して民泊事業の立ち上げに専念することを決めました。

正直いって、当時は宿泊業の運営の知識も皆無だったため、宿泊業とはどういうものなのか、情報を集めるところからのスタートでした。

インターネットで収集できる情報だけでは事足りず、直接ホテルに運営方法を聞いたほうが手っ取り早いと、飛び込みで聞きに行ったこともあります。

5つ星ホテルであれば、マーケティング担当者がいると思ったので、直接フロントに出向いて「運営を担当されている方から、少しでもいいのでお話しを伺えないですか？」とお願いしたのです。

もちろん、きちんと名を名乗って、「○○大学の国際系学部で学んでおり、インバウンドビジネスに興味があります」という説明をした上でです。

ありがたいことに担当の方は、急に飛び込んできた私に対して非常に親切に対応してくださり、ホテルのオペレーションについて質問したところ、いろいろと教えてくださいました。

今でも覚えているのは、日付ごと、時期ごとに周辺の金額を調査して調整した金額を設定する作業を専門でやっている人がいること。また、ルームクリーニングの形態にもいろいろあり、時給で働く人もいれば、「1部屋いくら」や「1日あたりいくら」で働く人もいる、といった話です。サイトコントローラーのようなシステムがあることを知ったのもこの頃です。

振り返れば基本的なことも多いのですが、そのときの私にはとても役立つ情報でした。

ビジネスはスピードが命だということは認識していたので、このように手探り状態で情報を集めながら、物件や集客の準備をひたすら続け、民泊運営を進めていきました。

ここから1年間、目まぐるしいスピードで自分たちの民泊事業が拡大していくのと同時に、日本全体にも民泊という言葉が普及していったのです。

中学時代、北方領土で国際交流

そもそも、私が大学で国際系の学部を選んだきっかけの一つは、中学生のときに訪れた北方領土での体験です。

今の情勢では考えられませんが、当時は北方領土問題を解決するために、パスポートの交換なしで行き来をする交流事業が行われていたのです。

全国から何校か対象校が選ばれるのですが、たまたま私の通っていた中学校が選ばれ、行くことができました。

北方領土で暮らすロシア人の方々は日本人を敵対視することもなく、「今は領土問題は考えず交流を深めよう」と、とても歓迎してくれました。ウェルカムパーティを開いてくれたり、歴史を丁寧に教えてくれたり、島を案内してくれたりと、とても温かく迎えてくれたのです。

教科書に書いてある内容と、実際に行って現地の人と触れ合うのとでは印象がだいぶ変わります。

日本国内から見ると、北方領土に住んでいるロシア人は「日本の領土に不当に住んでいる人」という見方もあるかもしれません。

しかし実際は、何世代も北方領土で暮らしている人々が生活しており、先祖代々のお墓もあります。そこで生まれ育った人たちは、誰からも責められる筋合いはないのです。

それを知ると「もともと日本の領土だから」と、一方的にその人たちの生活を奪う権利があるのか、簡単に結論は出せません。

机上の空論と、現地で起こっている問題には大きな隔たりがあり、この問題を解決するには相当な時間と労力がかかるだろうと実感しました。

それがきっかけで、国際関係や途上国に興味を持つようになり、国際系、中でも東南アジアの発展を中心に学ぶ学部へ入学しました。この学部は新設学部で、一期生になれるということも惹かれた理由の一つでした。

初めての「Airbnb」は友人とのヨーロッパ周遊で体験

大学に入学して3カ月。初めての夏休みを丸々使って、友達と2人で1カ月半かけてヨーロッパを周遊する機会に恵まれました。

距離的な問題もあり簡単に行ける地域ではありませんが、友達（今も大親友）のお父様が仕事の関係でヨーロッパに赴任中だったので、そこを拠点にさせてもらい、長期間の周遊が実現したのです。

「Airbnb」を初めて利用したのもこの時です。当時は自宅の1部屋を貸すスタイルが主流でした。そもそも、友人のお父さんも赴任期間中に「Airbnb」を利用されていた期間がありました。

この時に初めて自分達だけでの海外旅行を経験して「海外って意外と簡単に行けるんだ！」と実感しました。

家族や誰かに連れて行ってもらうだけでなく、自分の意思でチケットを取り、宿も調べて、自分でプランを立てて旅行する。その気軽さ、楽しさを知ったのです。

この旅行を発端に海外1人旅にはまり、大学在学中に多くの時間を費やし、世界中の方々に助けてもらい、お世話になりました。

こういった体験の積み重ねが、海外からのお客さんに対して全く抵抗なく、自分がしてもらったように温かく迎えたい、楽しい時間を過ごしてほしい、もっともっと日本を好きになってほしいという強い思いにつながり、今に活きているのだと思います。

いち早く合法民泊を立ち上げる

その後、A社にて、民泊を事業化し運営を模索していく中で、日本でもだんだんと民泊の存在が認知されていきました。

海外では当たり前のように使われている「Airbnb」が、日本でも身近な存在になる時代が確実に来る。そんな確信と同時に、遠からず必ず規制がかかるという危機感も芽生えました。

なんとか規制がかかる前に、合法的に民泊を運営できないか検討を重ねました。

そこでたどり着いた答えが、「旅館業の許可を取得して運営する」という選択です。まだ民泊新法が施行されていない時期でしたが、もし民泊新法があったとしても、制限の多い民泊新法ではなく、旅館業での運営を選んでいたと思います。なお、合法民泊の種類や旅館の許認可についての詳細は、第4章で詳しく解説いたします。


民泊でさえ手探りだったのに、旅館業法の取得という、さらなる未知の領域に足を踏み入れた私たち。保健所と消防署へ相談に行き、時に設計士さんを交えて手続きを進めました。

ただ、実際にやってみるとそこまで複雑なことはなく、役所に言われたとおりに設備等を整えれば問題なく進められました（これは地域や自治体にもよります）。

これをステップに、賃貸の民泊だけでなく、民泊運用のための新築や、中古物件のリフォームという形態も取り入れていくことになりました。


こうしていち早く合法民泊の運営を続ける一方で、「Airbnb」以外の予約サイトについても一通り勉強しました。その結果、今は「Airbnb」と「Booking.com」の2サイトに絞り込み、効率的な集客を実現しています。

世界一周一人旅に挑戦！

さて、民泊の運営代行に関わった1年間を過ごした後、私は大学生に戻り、民泊運営についてはアルバイトとして続けました。この民泊の運営代行を経験して、大学生のうちに視野を広げることの重要性を実感していました。

大学生の一番のメリットは、自由に使える時間があることだと思います。それをいかに外で使うかです。就職活動を終えた後の大学4年時は、社会人になる前に長期海外旅行へ行ける最後のチャンスです。

「卒業前に一人で世界一周旅行に行きたい」そう目標を定めて、復学後は授業を取れるだけ取り、単位取得に励みました。

また、就職活動では「途上国の通信事業に携わりたい」と思い、第一志望にしたKDDIへの就職が内定しました。

この世界一周旅行の目的の一つには、就職前に世界の通信事情を見ておきたいという気持ちもありました。

私が途上国の通信状況に興味を持ったのは、9年前に一人旅をしたベトナムがきっかけでした。

近年では経済発展目覚ましいベトナムですが、当時はまだまだ物価も低く、発展途上の国でした。しかし、どこに行っても人が良いのです。なにより日本にはない温かさがありました。

あの頃は、シェアハウスや民泊に滞在して現地の人と話すと、日本人の私に対して口をそろえて、みんな「いつかお金を貯めて、日本に行ってみたい」と、日本に憧れを持っている人が多かったのが印象に残っています。

世界中のたくさんの方々に助けてもらい、恩返しで何ができるかを考えたとき、途上国の方が自分の力で豊かになるために必要なのはインフラだと思いました。

スマホやネット環境が整えれば、今は誰でもビジネスができる。そう考え、途上国の通

世界一周旅行で訪れた国（現在は47カ国）

ヨルダン
↓
マルタ
↓
キプロス
↓
ギリシャ
↓
アメリカ
↓
カナダ
↓
メキシコ
↓
チリ
↓
ペルー
↓
ボリビア

ポーランド（→ヨルダン）
↓
スロバキア
↓
オーストリア
↓
ハンガリー
↓
ルーマニア
↓
モルドバ
↓
ウクライナ
↓
ベラルーシ
↓
スペイン
↓
モロッコ

ロシア（→ポーランド）
↓
カザフスタン
↓
キルギス
↓
ウズベキスタン
↓
タイ
↓
ミャンマー
↓
フィンランド
↓
エストニア
↓
ラトビア
↓
リトアニア

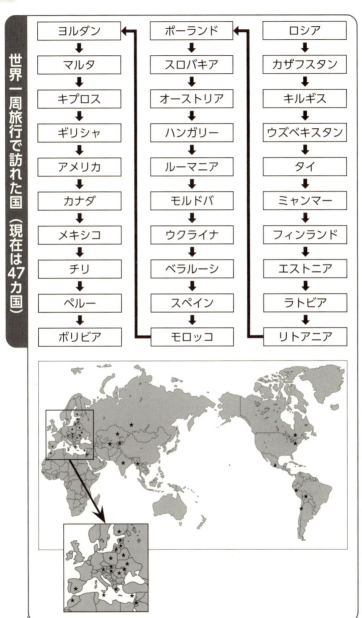

信環境構築に貢献できるような仕事に就きたいと思うようになりました。

世界一周の計画は、あらかじめ大雑把な周り方だけを決めて、あとは移動中に調べる方式です。一つの国の滞在日数は、長いところで10日間。平均すると4日間です。とにかく普段の旅行や観光では行かないような国をあえて選びました。アジアは近いのでいつでも行けますが、当時、KDDIが唯一途上国の通信事業を展開していたミャンマーだけは絶対に外せなかったので行きました。

女性1人でも、特に怖いことはありません。むしろ現地の人や他の旅行者と交流したいのなら1人で行くべきです。

世界一周旅行に関しては、母は応援してくれましたが、私が女の子ということもあり、父は大反対でした。うちは母親が常識にとらわれないタイプで、父親は常識人です。

世界一周旅行に出かける前に、経験として国内でヒッチハイク旅行も試しています。そのときは友人と2人で、渋谷から博多まで行きました。

海外の宿で学んだこと

節約旅でしたので、宿は無料で宿泊できる「カウチサーフィン」(国際交流を目的に家にホームスティさせてくれる方とのマッチングアプリ)、それから「Airbnb」や「Booking.com」も利用しました。「カウチサーフィン」では、なるべくファミリー世帯に滞在するようにしました。

一番よく泊まったのは、一つの部屋に2段ベッドが何台かあるようなシェアのゲストハウスです。

宿は本当にいろいろあるので、これがいいというルールはありません。しかし価格によってやはりクオリティも違います。シェアハウスであれば1泊1000円以下でも泊れます。「Airbnb」でいうと、どこも日本よりは運営が適当です。これは良い点と悪い点のどちらもあります。

チェックイン・チェックアウト時間はアバウトなことが多く、荷物の保管なども自由な場合が多いので、比較的楽です。その代わり、丁寧な案内は少ないのでチェックイン時にトラブルになることも多いです。

とにかくラフな感じなので、ホストともゲスト同士とも簡単に交流が生まれます。一緒にご飯を食べたり観光したりという交流もよくある話だと思います。それが日本とは違うホスピタリティの形です。

シェア型や個室型は特にこのパターンが多いです。完全独立型だと、より日本で私たちが運営している形に近くなります。

ただ、どちらの場合も一番の違いは清掃にあります。海外の民泊は、リネン類の交換と水周りを少しキレイにして清掃完了というパターンも少なくありません。そもそも、基本的に室内でも土足ですし、日本ほどの清潔度は求められていません。

その代わり、どこの宿もインテリアがとてもかわいいです。きっちり清掃がされていなくても、なんとなく許容できてしまう雰囲気があります。

なお、文化やセンスの違いがあるので、この海外風インテリアを日本で再現しようとすると、とてつもない費用が掛かりますし、天井高の低い日本の建築と海外風インテリアはあまり相性がよくありません。

口コミの重要性

私が海外で宿を探す際に参考にしたのは口コミです。日本ほどの清潔さが求められる国はないとはいえ、あまりに酷い状態だと口コミに悪い評価が残されます。それぞれの国や文化によって種類や基準は異なりますが、世界共通なのは、清潔度・立地・ホスピタリティ、それに伴う口コミです。

日本では清潔なのが当たり前ですが、海外ではダニがいてもおかしくない。同じ金額帯でもダニがいる宿、いない宿を見極めるには、行った人の経験が全てです。口コミは嘘をつきません。

私自身がそうやって口コミを参考にしていたので、「良い口コミを上げればお客さんが来てくれる」ということを実感していました。それは宿の値段が高かろうが安かろうが、同じです。そのため今でも口コミを重要視しています。

こんな世界一周の旅ですが、旅行中に急激にコロナ禍が拡がったことで事態が急変しました。

3月に国境閉鎖が最も早かった南米にいたこともあり、飛行機もどんどん欠航になり、このままでは帰国できなくなると判断したのです。実際、1本逃せば帰れなくなるという、本当にギリギリのタイミングでした。

計画途中での帰国は残念でしたが、それでも30カ国は周れました。

コロナ禍により、当時は世界中の学生が行動を制限されていました。私も世界一周旅行の途中で帰ることになったのですが、無事に内定していた会社も入社できたので本当に幸運だったと思います。

就職、社会人時代（KDDI時代）

大学卒業後は、ＫＤＤＩ株式会社に入社しました。

初期配属は仙台で、携帯事業（ａｕ）の部署で店舗運営、その後は代理店コンサルティング業務に携わりました。

どこの企業でもそうだと思いますが、店舗ごとの営業成績はランキング化されており、配属された仙台はその中でも数字を強く意識する店舗でした。

私自身、数字を追求することがとても好きなので、どうすれば成果が出るのか常に考え、店舗ランキングでは常に上位を争い、充実した日々を送っていました。

ちなみに営業職は自分の希望でした。前述したようにミャンマーなどの途上国の通信事業に携わりたいというのが志望動機で、海外のコンシューマ事業部で働くためには、国内のコンシューマ事業部で実績を残してから配属されるコースが一般的でした。

周りにも恵まれ、日々仕事もとても楽しく、数カ月間北海道に行かせてもらったりと、本当にいろいろな経験や出会いをさせてもらいました。

人はもちろん、勤務形態や給与面など、労働条件もとても良かったと思いますし、私自身、今でもこの会社が大好きです。

ただ、2年目に社内結婚をしたことで、自分自身のライフプランを見つめなおす必要がでてきました。その時は、夫婦ともに全国転勤だったため、私が仙台、夫が博多という遠距離の別居婚となりました。

いつかはお互い東京勤務になる可能性はあったものの、数年間は各々の勤務地で働くことが確定していました。

これだけ世の中が大きく変わっていく中で、時間と場所の自由は何よりも大事です。もちろん、自分の好きな企業で、指定された環境で働くのも一つの選択肢ですが、10年後どの企業が生き残るかわからないこの世の中で、このままでいいのか、というふんわりした疑問がありました。

もう一つ大きかったのは、コロナ禍の影響です。私の新社会人生活はコロナ禍の拡大と共に始まったので、入社式も研修もオールリモート。ネット需要が高まり通信事業は活況だったので不安を感じることはありませんでしたが、想像もできなかった様々なニュースが毎日流れていました。

キャリアを積んで途上国のインフラ事業に携わりたいと入社したものの、コロナ禍と結婚により状況が変わってしまったのです。

結婚を機に旅館業へ転職

いろいろと考えを巡らせていた頃、学生時代に働いていた会社のSさんと話をする機会がありました。

そして、今の旅館の企画・立ち上げ・運営代行などのお仕事を本格的に行うことに決めました。

退社を決めた理由はいくつかありますが、一番は将来の時間と場所の自由、働き方を優先したことです。

新卒で入った会社をすんなり辞める決断をしたのは、時代の流れもありますが、学生時代から社会人時代まで、国籍や年代を問わず、いろいろな価値観に出会っていたことも大きいと思います。人生は一度きりですし、選択肢を広めていくことが、将来の自分や家族のためになると判断しました。

また、やはり海外に関わる仕事をしたいという願望もありました。

そして現在、その予測は現実になりました。街を見れば、日本にはコロナ禍前を超える多くの訪日外国人観光客が訪れ、インバウンド需要は盛り上がるばかり。

私が運営する旅館も11棟23部屋に増えて、売上も年々増加しています。

やはり、日本には他の国にはない魅力が数多くあり、それはどこの国にも真似ができるものではありません。

世界の観光大国といわれるフランスなどの観光客数と比べても、日本のインバウンドはまだまだ未成熟で、それだけ伸びしろがあるのです。

そして何より、この旅館の事業は誰でも楽しみながらできます。きちんと取り組めば、必ず成功する事業なのです。

【コラム】忘れられないゲストとの思い出

・一組目のお客様が迷子に・・・・・

忘れもしない「Airbnb」の記念すべき1組目のお客様は、２０１５年、タイから来られたファミリーでした。

浅草の旅館の初めてのお客様ということで、お出迎えするために駅まで行ったのですが、なかなかお客様と出会えないというトラブルが発生しました。

理由は、浅草駅の出口が多く、わかりにくかったからです。私たちも経験不足で、ゲストに「たくさんの入口があって非常にわかりにくい」ということまで説明できていませんでした。

浅草駅は乗り入れ路線が多く、すべての出口が地下路でつながっているわけではありません。古い駅だから暗くて狭いし、階段しかない出口も多いです。その点で、スーツケースなど荷物が重い旅行者にとって不便なところもあります。

また、当時は今のように、free Wi-Fi もいきわたっていおらず、チャットでのやりとりもしにくい状況でした。駅の多言語の案内も今ほど充実していなかったと思います。

時間になっても待ち合わせ場所にしていた駅の出口では会えず、一向に連絡が取れません。しかし空港では連絡が取れているので、電車には乗ったところまでは確認できています。

複数人で迎えに行っていたので、みんなで手分けしていろんな出口を探しました。無事にゲストと会えて喜びあったあの瞬間と、ご案内してお部屋を喜んでもらえたときの嬉しさは、一生忘れられないと思います。

この経験を教訓にして、その後の待ち合わせ場所は一番分かりやすい「浅草文化観光センター」にしました。そこは多言語の案内もありますし、その案内所自体に多言語サイトがあり、アクセス情報をリンクで送ることもできます。

このように1年程度は、場所にもよりますが、対面でのチェックインもしていました。手間がかかるように見えるかもしれませんが、迷子などのトラブルのほうが心配だったのです。お客様と直接顔を合わせて話をすることで、どのようなニーズがあるのか、サービス内容についてもブラッシュアップをしていけました。

その後、ネット上での案内もうまくできるようになり、お迎えをしなくてもスムーズにチェックインしていただけるようになったので、現在は全てセルフチェックインとなっています。

・おもてなしを通じて信頼を築く

私の運営する旅館は、暮らすように過ごせる快適さが特徴です。ですから、何週間、1カ月、それ以上と長期滞在するゲストもいらっしゃいました（今はシェア型ではないので1カ月以上は多くありません）。

中でも、台湾からのゲストのシンさんは、家族ぐるみの付き合いです。数カ月宿泊してくれたこともあり、メッセージを通してコンタクトをとっていく中で、実際にお会いする機会もあり、毎年台湾と日本を行き来しあうほど仲良くなりました。

この台湾人ゲスト、シンさんと出会ったのは9年前です。今は台湾で日本料理店を経営されていますが、当時、30代の後半くらい。日本の料理学校に通うために数カ月ほど日本に滞在されていました。

これは台湾の文化もあるのかと思いますが、シンさんはとても礼儀正しくて、ホストの私に対しても敬意をもって接してくださいました。何度も宿泊いただいたのですが、その度に、お互いに菓子折りを持って挨拶をしていました。

そこからどんどん仲良くなり、私が台湾に行った際には、お家に泊めていただいて、ご家族にもお世話になりました。

仕事を休んで観光に連れていってくださり、本当に楽しい時を過ごさせてもらい、感謝しかありません。以来、定期的に台湾へ遊びに行ったり、日本に来てくれたりと、今でもお付き合いが続いています。

また、シンさんのレストランで働いていた、私と同級生の男性がいます。

彼も日本がとても好きで、1年ほど日本語の勉強をしに来日した際、私の運営する旅館に宿泊してくれて仲良くなりました。

私の静岡の実家でお正月を一緒にすごしたこともあります。

ゴールデンウイークには「浜松祭り」という大きなお祭りがあるのですが、彼も一緒に祭りへ参加して、日本独特のお祭りにすごく喜んでもらえました。

今年は、家族を連れて浜松まで遊びに来てくれました。ご家族も私の実家に泊まり、お祭りを楽しんでもらい、とても良い思い出です。

たくさんのゲスト様との交流を通して、こうやって喜んでくれるんだ、こういう目的があって日本に来てくれるんだという、本当に多くの貴重な発見をさせてもらえました。

もちろんビジネスとして成り立つのが前提ですが、お客様が喜んでくれたり満足してくれなければ旅館を続けられません。

相手目線で考え、Win-Winであることは、どんなビジネスにおいても必ず頭の念頭に入れておかなければいけないと思います。

第2章
インバウンド旋風はブームではない

第2章では現在のインバウンド需要について、外国人旅行客の推移と共に解説したいと思います。

コロナ禍で街がシャッター街になったのも今は昔、多くの訪日旅行客が街を行き交い、活気にあふれている日常が当たり前になってきました。オーバーツーリズムによるトラブルなど課題もありますが、国をあげて盛り上がっています。

今後ますます発展していくだろうと予測しています。是非、この活況を知っていただきたいです。

「観光立国」が日本の生きる道

日本は「観光立国」という目標をかかげ、国をあげて訪日外国人の誘致に取り組んでいます。その背景には、日本では人口減少・少子高齢化が急速に進展しており、今後も同様の傾向が続けば経済成長はもとより、現在の経済活動の維持すら難しくなるという現実があります。

日本は現在、世界的な競争力をもつ分野が限られてきています。自動車、家電、パソコン、半導体など日本の産業が強かったのは過去の話で、現在は中国、韓国、台湾などにその地位を奪われています。

そうした中で日本が国際競争力を発揮できる分野が観光であり、世界経済フォーラムが出すTravel & Tourism development Index(TTDI)では、2022年は世界1位、2024年には世界3位となっています。

観光は、地域経済の活性化、雇用の創出など、日本経済のあらゆる領域にわたって好影響を与えるため、観光立国の実現は、21世紀の日本の経済社会の発展のために不可欠だと言えます。

日本が持つ観光資源のポテンシャルは、非常に大きいものがあります。まず筆頭にあげられるのが日本ならではの文化や歴史を感じる街並み、文化財が保存されていることです。その中でも京都・奈良は代表格といえるでしょう。

そして海に囲まれている国土は南北に長いため、気候の変化に富んでおり、北は北海道や東北などでスキーや雪景色を楽しみ、南は沖縄のビーチで南国のリゾート気分を味わえます。

都心部を離れれば海・山・川など自然も豊かで、桜や紅葉といった四季折々の自然の景観も魅力です。

また、日本は食文化の豊かさでも注目されており、内閣府の調査によると訪日前に期待していることとして「日本食を食べる」が1位で80%を超えています。

特に人気がある日本食は寿司、てんぷら、すき焼き、ラーメン、焼き肉などですが、リピーターの旅行者からは納豆や卵かけご飯など、マイナーな料理も人気です。

どこの国でも日本食は高級食ですが、日本ではリーズナブルに楽しめ、味のクオリティも高いので喜ばれています。

インバウンド需要はコロナ前の水準を超えた

日本政府観光局（JNTO）によると、2024年10月の訪日外客数は、331万2000人で、過去最高であった2024年7月の329万2602人を上回り、単月過去最高を記録。

コロナ前の2019年の同月は、249万6568人だったことから、外国人観光客数は完全にコロナ禍前の水準を超えている状況となっています。

10月までの累計は3019万2600人となり、1964年の統計開始以来、過去最速のペースで3000万人を突破していることから、2024年度の外国人観光客数は年間でも過去最高を更新するとみられています。

また、国土交通省の観光庁から公表された2024年8月から9月の住宅宿泊事業者か

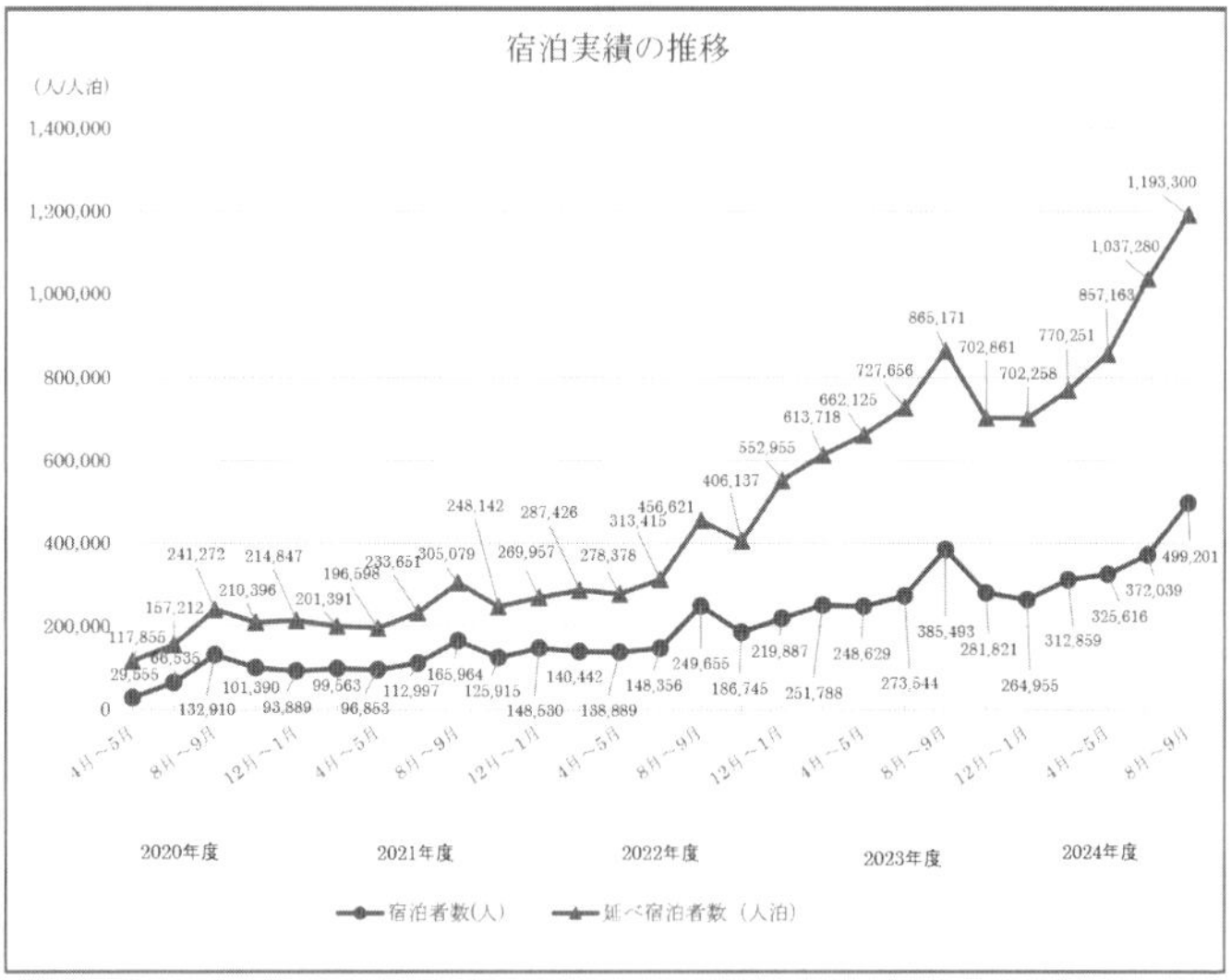

出典：観光庁「住宅宿泊事業の宿泊実績について」（令和6年11月29日）
https://www.mlit.go.jp/kankocho/minpaku/business/host/content/001845668.pdf

らの定期報告をまとめた「住宅宿泊事業の宿泊実績について」（2024年11月29日）によると、全国における延べ宿泊者数の合計は、119万3300人泊（前年同期比137・9%）で、都道府県別では、東京都が52万5503人泊で最も多く、次いで北海道の15万2485人泊、沖縄県4万7639人泊でした。

東京や大阪、広島。そして北海道のニセコ、最近では東北も人気の観光地となっていますが、やはり東京がダントツの集客数を誇っており、特に宿泊期間が長いのが特徴です。

届出住宅あたりの延べ宿泊者数を都道府県別にみると、群馬県が85・1人泊で最も多く、次いで栃木県（84・8人泊）、福井県（81・8人泊）でしたが、一人当たりの宿泊日数（延べ宿泊者数÷宿泊者数）でみると、東京都が4・1泊で最も多く、次いで京都府、沖縄県（2・5泊）でした。

東京圏はダントツの民泊市場

東京の泊数が多いのは、やはり東京は街の規模が大きく、魅力的な街並みや観光名所、

これまでの訪都回数

1回目（初めて）が45.7%、2回目以上（リピーター）が51.4%

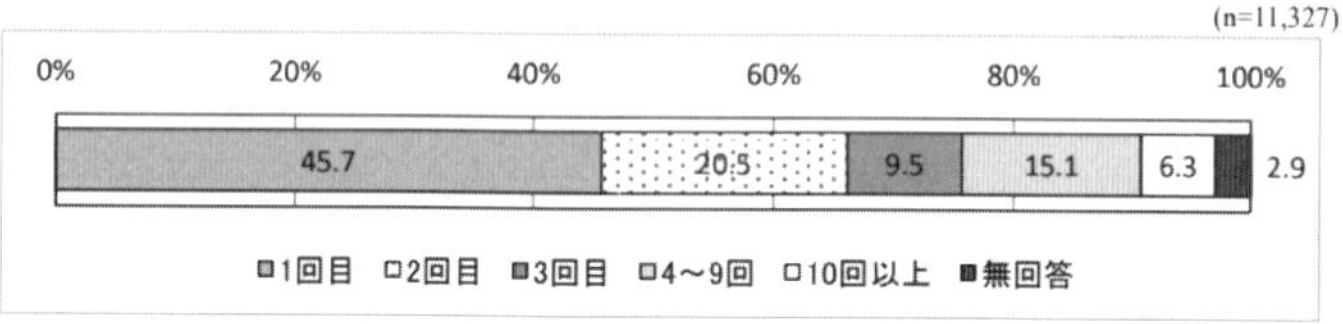

出典：東京都産業労働局「令和5年　国・地域別外国人旅行者行動特性調査」
https://www.metro.tokyo.lg.jp/tosei/hodohappyo/press/2024/06/21/documents/13_01.pdf

イベントなどが複数あるので、とても1日や2日では回り切れないからだと思われます。

東京都産業局の調査によると、東京に外国人が訪れたエリアは「渋谷」が67・1％で、2位以下は、「新宿・大久保」が57・4％、「銀座」が50・1％。さらに「浅草」「秋葉原」「東京駅周辺・丸の内・日本橋」「上野」「原宿・表参道・青山」「池袋」「六本木・赤坂」がトップ10となっています。

複数の特色のある街があり、何度行っても街によって違う景色が楽しめます。東京を拠点に、少し足を延ばせば横浜や鎌倉、箱根、河口湖などの観光地を巡るのも人気です。まとまった日数で宿泊することに加えて、リピーターが多いのも東京圏の特徴です。

東京都産業労働局の調査によると、外国人観光客の中で過去に東京を訪れた経験がある「リピーター」の割合は51・4%を占め、東京を訪れる外国人観光客の半数がリピーターであることを示しています。

お客様の特徴は「中・長期宿泊」

私は東京で11棟23部屋の旅館を運営していますが、旅館の特徴は、中・長期宿泊のお客様が多いということです。募集サイトでの設定も、最低宿泊数を4泊以上としています。これは運営エリアを東京に絞り込んでいるからできることだと思います。地方の場合、せいぜい1泊や2泊が多く、3泊以上の予約は長く感じるくらいです。

東京で特に人気があるのは渋谷・新宿エリア、それから浅草エリアも根強い人気で、浅草は中華系などアジアのお客様が増えています。

宿泊人数については「アジア系は大家族が多くて、欧米系は小グループや2人組が多い」と聞きますが、実際には欧米系の家族連れやグループも少なくありません。

訪都における宿泊数

4～6 泊が 40.7%で最も多い

(n=11,327)

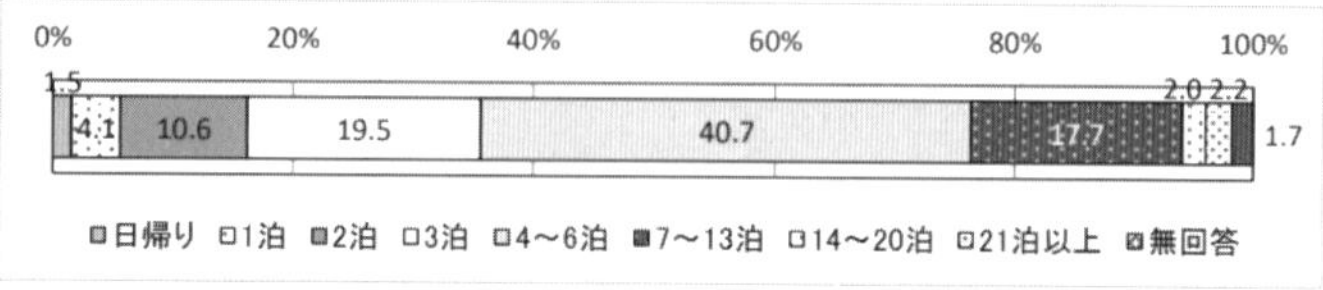

出典：東京都産業労働局　令和5年　国・地域別外国人旅行者行動特性調査
https://www.metro.tokyo.lg.jp/tosei/hodohappyo/press/2024/06/21/documents/13_01.pdf

これは宿の定員によっても変わるのですが、２人部屋であれば１人と２人が半々くらい、３人部屋は２人が多く、４～７人部屋は３～４人と定員に対してゆとりある使い方をされるお客様が多いです。一番多いのは３～４人のグループとなっています。

アジア圏からの訪日が多い

日本に来る外国人観光客が多い国は1位が韓国、2位が中国、3位が台湾、4位のアメリカを挟んで、5位には香港となっており、日本に近いアジア圏からの訪日が上位を占めています（JNTO（日本政府観光局）の「訪日外客数（2024年9月推計値）」）。

アジア圏からの観光客数が増加した要因として、経済成長や富裕層の増加があげられます。特に中国や韓国、台湾といった国々の所得水準は上昇し続けており、通貨も円に対して上昇しています。

一方、日本はインフレ傾向にはあるものの、諸外国に比べて物価水準も抑えられているため、相対的に日本での消費が割安となっています。

アジア圏から見ると、日本は最も近い距離にある先進国です。同じような先進国、例えば欧米などへ旅行するのに比べて、日本には早く安く、気軽に行くことができます。航空便の増便などもあり、人気の旅行先となっているのです。

✧東京と大阪の違い

2023年開港から30年を迎えた関西国際空港は、格安航空会社（LCC）を積極的に誘致したことで、中国・韓国をはじめとしたアジア圏などからインバウンド客を呼び込む関西の玄関口として存在感を高めています。

2023年の関空の国際線旅客数（日本人を含む）は1641万人で、成田空港（2504万人）、羽田空港（1789万人）に次ぎ、日本で3番目に多くなっています。

そのうち外国人の数は、1607万人の成田より少ないものの、羽田の918万人を大きく上回っています。

大阪人の知人いわく「大阪環状線は山手線と思ったら大間違いで、渋谷駅＝大阪駅だとすれば、あとは全部日暮里駅か西日暮里駅」だそうです。

冗談まじりに話されていましたが、たしかに言い得て妙だと思いました。大阪は東京に比べて都市がコンパクトで、面積的にも、大阪環状線内の面積は山手線内の面積の半分以下です。

大阪の観光地としては、道頓堀に大阪城、黒門市場、ＵＳＪなどがあげられます。大阪は、大阪自体のポテンシャルに加え、京都・奈良などの歴史的な観光資源にアクセスしやすく、関西圏をひっくるめた形での旅行圏を作っているため、大阪だけを目的に行くというよりは、大阪を出発地点にして京都など近県の観光地を周遊するケースが多いようです。

また、大阪府や大阪市は特区民泊（第４章参照）が認められているエリアなので民泊を運営しやすい反面、ライバルが増えやすく、コロナ前の２０１９年時点でも、すでに過当競争で撤収する民泊事業者もいたという話を耳にしました。

【コラム】おもてなしが大好評のベテラン民泊ホスト　菅　妙子さん

●プロフィール
間もなく6度目の年女となります。母の介護のために30余年勤めた学校から離れ、介護終了後に民泊と出会いました。夫と次女、民泊をするために川崎から近くに転居してきた長女一家と世田谷に住んでいます。学生時代から続けている登山、日本橋から京都までの東海道歩きが終わった後にはじめた甲州街道歩き、100名城巡りなどが趣味です。

――民泊をはじめたきっかけは？

弟から民泊を勧められ全く気乗りがしなかったものの、長女が第二子出産で産休に入り「時間があるので民泊をしたい」という言葉ではじめることになりました。ようやく民泊が認知されはじめた2015年12月に世田谷区駒沢で2部屋からスタートしました。

――どのように運営していますか?

私共はそれぞれ仕事を持っていますが、まるで家業のように家族全員で運営しています。集客・掃除・洗濯・メールのやり取り・送迎・ゲストのインからアウトまで、全て家族で分担して行っています。夫・私・長女・長女の夫・次女まで、その時々で誰かが何かにかかわっています。

そのためにゲストに関して家族で共有することが多く、ゲストにはホストファミリーとして安心感を与えています。

――これまでの実績を教えてください。

2015年のスタート時から外国の方と触れ合う楽しさを知り部屋を増やしはじめました。民泊新法が制定されるまで、6部屋プラス自宅1部屋の計7部屋にゲストが泊まりに来るようになりました。

東急田園都市線の駒沢大学・桜新町、小田急線向ヶ丘遊園、東急世田谷線上町のいずれも駅から歩ける距離です。

桜新町の部屋は公園に囲まれているので緑の多い静かな環境がゲストに受けているようです。

小さな子どもを連れた家族が泊まることが多く、子どもたちは隣の公園で日本人の子と混じって楽しそうに遊んでいます。向ヶ丘遊園の部屋は新宿まで20分ほどで行けるので、ショッピングなどを楽しむ若い人が多いようです。

そして日本の日常を楽しみたい、日本人と触れ合いたいという方は我が家に来ます。「ただいま」と帰ってきてリビングでお茶を飲みながら会話を楽しみます。招き猫のお寺で有名な豪徳寺まで散歩したり、世田谷線に乗って繁華街の三軒茶屋などに行くなど、暮らすように旅を楽しんでいます。

——妙子さんならではのおもてなしは?

予約が決まった時から交通手段や近所のお店、観光地などの情報をメールで知らせます。タクシーの手配やレストランの予約、宅配の受け取りなど、私たちが協力できることは何でもします。些細なお手伝いをすることで滞在が快適になるように心がけています。

私共の部屋を利用してくれる方は、旅行者だけではありません。こんなにも多様なニーズがあるのは、この仕事をするようになって知ったことです。

夏休みになると国際結婚をして子どもを連れて里帰りする家族がいます。以前住んでいた地域にあるということで我が家を選んでくれ、滞在中に子どもたちは近くの小学校に通います。そのために必要な在住証明書の作成を頼まれることもあります。このような家族は世田谷にも川崎にもいて、毎年夏休みに来てくれるので1年ぶりの再会が楽しみです。

また、大学に通う研究者や短期留学の学生なども毎年利用してくれるので、日常生活に支障のないようにお声がけをしてお手伝いできることはするようにしています。

――思い出に残るエピソードは？

ベルギーからお孫さんと80代の老夫婦が泊まりに来ましたが、お孫さんは先に出発して老夫婦が残りました。チェックアウト後に京都へ行くというのですが、日本語も分からず戸惑っている二人を見かねた夫が品川駅まで車で送り、新幹線に乗せ車掌に事情を話し、後を託しました。するとご主人がいきなり財布を開き「好きなだけ取ってくれ」と言いました。もちろん受け取るわけにはいきませんが、ご主人の感謝の思いが十分に伝わってきました。

夜10時過ぎにシンガポールから到着予定のゲストを迎えに行ったとき、各停しか停まらないことを伝えていたにもかかわらず、急行に乗り間違えてしまい、桜新町駅に戻ってきたときは日付が変わる頃でした。

改札を出てから「お腹が空いた・・・」と駅前の牛丼屋に入り、人数以上の牛丼を持って出てきました。「待たせたお詫びに」と私たちの分も買ってきてくれたのです。深夜の牛丼は忘れられない味になりました。

初めての海外が日本旅行という中国の大学生が来たとき、何度か朝ご飯を一緒に食べました。チェックアウトした部屋を掃除していたら、机の上に滞在を感謝する長文の手紙がありました。その数年後、社会人になった彼が両親を連れてまた泊まりに来てくれたのです。本当に嬉しい再会でした。

その他にも我が家で毎年年越しをするイタリア人がいます。テレビで紅白歌合戦を見た後、除夜の鐘を聞きながら初詣をし、元旦には一緒におせちとお雑煮を食べます。彼は来るたびに日本語が上手になっているので驚きます。遠い親戚の子が来たような親しみを感じ、毎年お正月を一緒に過ごしています。

――選んでもらう宿になるための工夫は？

選んでもらうために必要なのは部屋の評価を上げることです。評価を上げるためには、滞在中に不安なく安心して過ごしてもらうこと。安心してもらうのに必要なのはコミュニケーションをとることです。

空港や別の滞在先からくる場合の移動方法など、チェックインするために必要な情報は丁寧に教えて、滞在中も困っていることがないか尋ねます。台風など自然現象の情報や注意なども絶えず連絡する等、「何かあった時は、連絡するところがある」という安心感を持ってもらうことが、ゲストの日本旅行を楽しくするものだと思います。

楽しく安心して滞在でき、様々なことでサポートしてもらえると分かればリピーターとなってくれます。

――どんなサービスが喜ばれていますか?

最も喜ばれるのは、イン・アウトの際の最寄り駅までの送迎です。長い時間かかって最寄り駅までついたゲストはもうクタクタです。ましてや小さな子どもがいれば、その子の世話をしながら大きなトランクも持ちながらの移動になります。

初対面ですが、移動の車内での会話も楽しいものです。駅からわずか5分ほどの移動ですが、コミュニケーションをとる貴重な時間となります。

また、ゲストとの都合が合えば食事に招待します。手巻き寿司や唐揚げ、豚汁などでもてなし、翻訳機を使いながらでも会話は十分に楽しめます。日本の住宅で日本人の普通の食事、生活を味わってもらうことはとても楽しい旅行の思い出になるようです。そして、こちらにとっても忘れ難いひと時となるのです。

――読者へメッセージをお願いします。

旅館や民泊をすると、そのような職業に関わりが無かった人にとって新しい世界が広がります。その世界は自分の思いと、自分がつぎ込んだ労力がそのまま反映される世界です。亡き父が建てた築50年の古いアパートの一室にいろんな言葉を使う人がやってきて、その人たちと触れ合うことで価値観が大きく変化していきました。

言葉は分からなくても気持ちだけで会話ができることを知ったし、私たちの普通が彼らにはCOOLだったり、私たちが感じなかった日本の魅力を逆に教えてもらったり。そして何よりも、こういう旅行の仕方、こういう生き方があるんだと、自分が何かから解放される思いがしました。

日本に居ながらにして外国の方と楽しく触れ合うことができて、更にそこに対価が発生するなんて、何という美味しい仕事なのでしょう！

第3章
間違いだらけの民泊投資

ここまで、民泊の活況について紹介しました。しかし光あれば必ず影があるように、ポジティブな話題の裏では、ネガティブな話もあるものです。

誰でも簡単に民泊で成功できるのかといえば、決してそんなことはありません。インバウンド需要が増えて誰しも儲かるように見えても、民泊・旅館業はビジネスです。投資として行うのはもちろんいいのですが、ただ開業すればいいというものではないのです。

第3章では、民泊運営のリスクについてもご紹介したいと思います。

4割が廃業しているという現実

訪日外国人が急増し、インバウンド景気に沸いている民泊業界ですが、新規参入者が増えたことで競争が激化しています。

全部の地域ではないものの、すでにコロナ禍明けのボーナスタイムが終了し、淘汰の時代に入っています。

観光庁の調べによれば、2018年6月15日に施行された住宅宿泊事業法（民泊新法）の届出住宅数は年々増加しており、2024年11月18日時点における住宅宿泊事業の届出住宅数は、前々月より1163件増加して、2万7820件となりました。

一方で、東京23区では、届出件数4万5270件に対して、廃業件数1万7450件と、驚くことに開業した民泊の約4割が撤退しているのです。

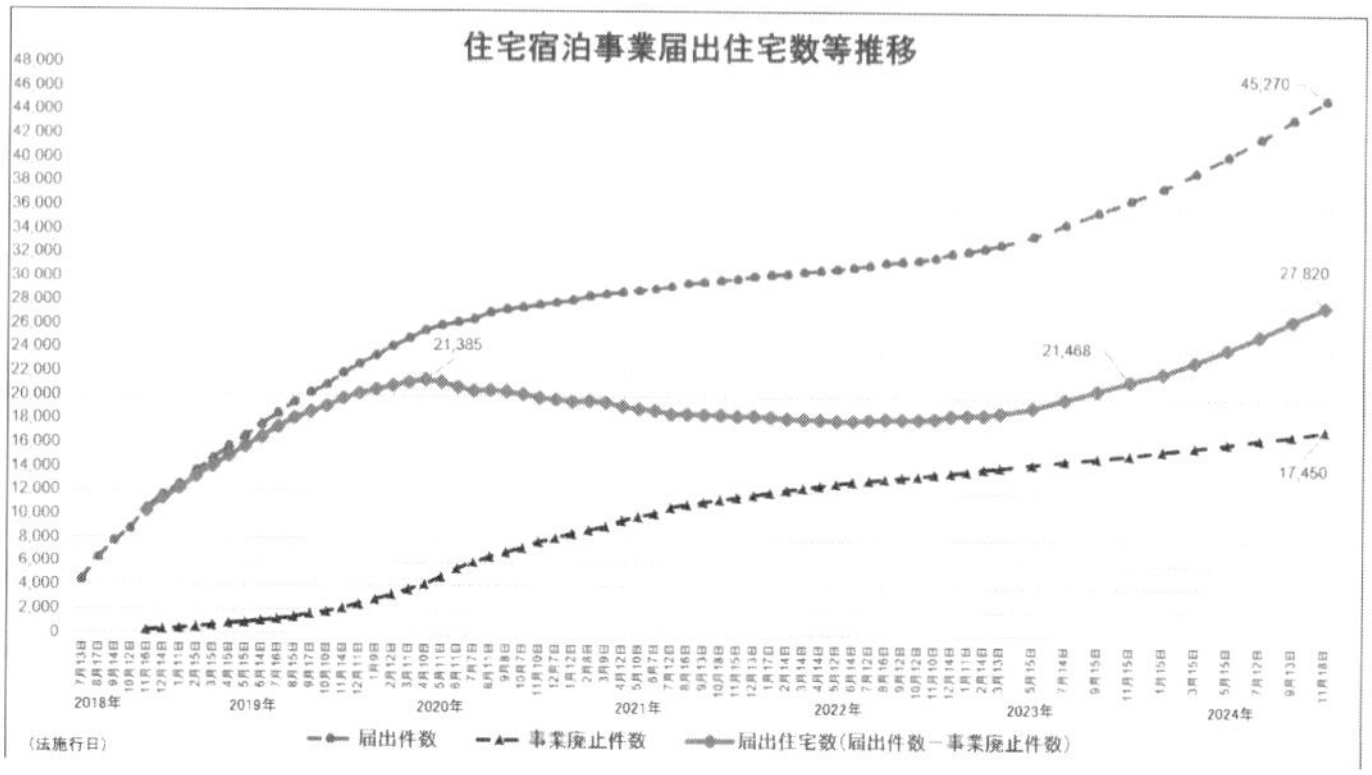

出典：観光庁「届出住宅数等の推移」
https://www.mlit.go.jp/kankocho/minpaku/business/host/content/001633048.pdf

撤退することになった4つの要因

せっかく資金を投入して民泊をスタートしたのに、なぜ撤退することになったのでしょうか。様々なケースが考えられますが、ここでは大きく分けて4つの要因にわけて説明します。

・依頼した業者の問題

インバウンド需要が高まる中、民泊を始めたい人が増え、入口で悪質なコンサルタントから被害を受けている方も増えています。

「自己流で民泊を始めるより、プロのサポートを受けたほうが安全」と考えるのはもっともですし、実際その通りなのですが、それは業者次第です。

有益な民泊のノウハウを教えるコンサルタントや、しっかりと運営してくれる誠実な民泊代行業者も数多く存在していますが、中にはカモを狙っている悪徳業者もいるので注意が必要です。

また、清掃の手が回らない、予約の管理ができない、といった民泊代行会社の運営能力の問題でトラブルになるケースもあるようです。

さらには全く民泊に向かないエリアの物件を「民泊ができる」という謳い文句で周辺相場とかけ離れた高い価格で貸す、あるいは買わせる不動産業者もいるようです。

・管理コストの問題

せっかく開業しても黒字にならず、民泊を続けることを断念するケースです。

民泊は通常の不動産賃貸業に比べ、多額のランニングコストがかかります。業者に支払う運営コストがかさむと、売上があっても利益が薄くなり経営は苦しくなります。

赤字撤退する民泊運営者の多くは、集客や管理、清掃などの業務を業者に丸投げしている高コスト体質に陥っています。

それでも民泊運営会社がしっかり運営して利益が増えていればいいのですが、稼働状況が悪くなったり、安易な値下げ競争に巻き込まれたりすれば、経営状況が悪化し、赤字を垂れ流した末に撤退という結果になってしまいます。

・転貸で運営している

赤字で撤退する民泊の多くは、賃貸物件の転貸であるケースが多いようです。前提として、民泊新法では最大180日しか営業ができないと定められています（詳しくは第4章で説明します）。

年間の半分しか民泊ができないとなると、毎月の家賃コストは大きな負担になります。ましてや民泊可能な物件は少ないため、割高な家賃設定になっていることがほとんどです。同じ民泊新法でも家主居住型を自宅で民泊を行う場合は、家賃コストがかからずぐっとハードルが下がります。また、集客や清掃などのオペレーションを自分で行うなど工夫次第でコストダウンが可能です。

民泊運営の失敗実例

ここからは、民泊運営に失敗してしまった実例を紹介します。

失敗事例① 役立たずの高額コンサル

私の元へ相談にこられたTさん（50代、会社員）の事例です。インバウンドブームを扱った報道番組で民泊を知り「これは良さそうだ、民泊をやりたい！」とネットでいろいろ調べたところ、民泊コンサルタントを名乗る人物を見つけたそうです。

そこで、まずはこのコンサルタントに民泊のノウハウを教わることに決め、コンサル料として120万円を支払いました。

このコンサルタントは民泊の始め方を教えてくれたのですが、あくまでもやり方を「教える」だけ。しかも一度も実際に会ったことはなく、リモートオンリーだったといいます。

基本となる部分、つまり物件の探し方やアカウントの作成の方法は教えてくれたのですが、実際に民泊ができるアパートを紹介してくれたり、集客や管理を代行してくれたわけではありません。基本的には自分自身で物件を見つけて内装や家具家電を揃えるなどのスタート準備をし、集客し、運営することになります。

このケースは詐欺とまでは言えないかもしれませんが、内容的に120万円の価値があるのかと言われれば疑問です。

聞けば、このコンサルタントは著名な人でも実績のある人でもなく、SNSを見ていたら出てきた広告でセミナー告知を知ったのが依頼のきっかけだったそうです。

そもそも、都内では転貸の民泊可能物件の数は非常に少なく、多くの投資家が狙っており、探し方を教わったとしても、初心者が自分で探してすぐ借りられるものではありません。ノウハウだけを教わっても机上の空論でしかないのです。

では物件を紹介してくれる業者であれば安心かといえば、ここにも落とし穴が潜んでいます。

失敗事例② 悪質業者に丸投げ

続いては、すべて業者まかせにして失敗した相談者の事例を紹介します。

「300万円を払えば、物件探しはもちろん設営や許認可など、すべてお任せできる」と言われて民泊を始めたHさん（40代、自営業）。

スタート以来、毎月20万円の赤字が続いていると困り果てた様子で相談に来られました。お話を伺って契約書を見せてもらったところ、なんと運営代行会社なのに集客は自分でやる契約になっていました。集客してもらえなければ、いつまで経っても稼働が増えないのも当然です。

初期投資300万円のうち、50万円がデザイン料となっていましたが、その部屋が魅力的なデザインかといえば、残念ながらそうでもありません。結局、その方は民泊から撤退することに決めたそうです。

どんな商売にせよ「楽をして儲けたい」と思うのは間違いです。ある程度仕組みを知ったうえで、自分の目でしっかりと選んだ運営代行会社に委託するのは良いと思いますが、何の基礎知識もないまま根拠なく適当な業者に委託してしまうのはリスクでしかありません。

失敗事例③ 営業権譲渡での失敗

とある不動産会社は、民泊可能な転貸物件を旅館業の許可を取ったうえで紹介しています。家賃は周囲の賃貸相場と比べてかなり高額なのですが、旅館業可能な一戸建ては希少価値があるので物件が出ると争うように申込みが入り、すぐに決まってしまうそうです。
そのような物件に飛びついて後悔している、Yさん（40代、会社員）の事例を紹介します。
これは沖縄の物件ですが、すでに旅館の営業許可も取ってあり、営業権の譲渡という条件で人気のリゾート地に物件が出たそうです。「家具家電付で、今すぐ開業できます」という点も魅力で、他にライバルもいたため焦る気持ちもあり、写真だけを見てすぐに契約してしまったそうです。

契約後、実際に現地に行ってみたところ、どうも思い描いていた物件とはイメージが違います。確かにリゾート地で場所はいいのですが、物件は2階建てなのに延べ床面積は50㎡もない狭さで大人数グループの受け入れができません。

駐車場付きではありますが、軽自動車がようやく1台停められる程度の広さしかなく、駐車場に関するクレームも多いそうです。さらには物件紹介の写真に、レンタル自転車や乾燥機・洗濯機もあったのですが、実際に現地へ行ってみると、自転車も洗濯機も故障していて使えなかったそうです。

営業権譲渡ということで、運営代行会社と清掃会社は指定されていました。しかし運営代行会社にクレームを入れてもレスポンスが遅く、埒が明かないので、夏のシーズン前に沖縄へ何度も通って家電や設備を買い直したそうです。

清掃会社は相場に比べて割高なのに清掃のレベルが低く、換気扇やエアコンにホコリが溜まっていたそうです。清掃に関しては何度注意しても直らないので、運営代行会社に頼み込んで、なんとか業者を変えてもらったとのこと。

Yさんは自分で動いてなんとか改善できましたが、同じようにひどい物件を契約してしまって困っている人が他にもたくさんいるという話でした。特に地方の観光地で民泊を始める場合、簡単には足を運べないので注意が必要です。

間違えてはいけないエリア選び

では、近場の東京都内で開業できればいいのかといえば、これもエリア次第です。

23区内でも外国人から見て魅力のある場所、例えば浅草、渋谷、新宿など観光地に近い、あるいはアクセスの良いといった旅行客にとってニーズのあるエリアであることが重要です。

エリア選びに失敗して集客に苦戦するホストは少なくありません。

同じホストと管理会社で複数の旅館を運営していて、宿によって売上のギャップが大きい場合、その差は立地に起因していることが多いのです。

私の運営している旅館の売上は、大体平均しています。その理由として大きいのは、やはり立地を厳選していることだと思います。


しかし、人気観光地に近い、またはアクセスが良く、かつ旅館業を開業できる用途地域で、オーナーから営業許可を得られる物件を賃貸で探すのは至難の業です。

そういう場所では、古びた賃貸アパートやマンションでも相場よりかなり高い家賃になります。一戸建てとなるとさらに競争が激しくなります。

民泊に重要なのはおもてなしの心

ここまで、民泊の失敗事例についてお伝えしてきました。業者、立地などの外部要因に加え、民泊を運営していく上で重要になってくるのが、運営オペレーションやサービス、コンセプトなどの内部要因です。

複数の旅館を運営してきて感じるのは、成功するために一番重要なのは、宿泊者に対する「気持ち良く泊まってもらいたい」という、おもてなしの心だということです。

お客様をはじめ、多くの人が関わる仕事なので「楽をして稼ぎたい」「自分の利益だけあれば他人はどうでもいい」という運営をしていては、一時は良くても結局うまくいきません。

オペレーションに関してはマニュアルをしっかり作ることで、トラブル予防ができます。そこにも蓄積された運営ノウハウがあるのです。

どこまで任せるか、しっかりと判断する

初期費用をかけ、リスクを負って事業として民泊をスタートするわけですから、コストや運営中の収益についてもシビアに考えなくてはいけません。

趣味に走ってコストをかけ過ぎてしまう。例えば自分の好きなインテリアにすごくお金をかけたけれど、全く収益が上がらないケースもあれば、逆にできるだけ安く、コストを

かけずにやろうと考えた結果、単価を下げないと予約が入らなくなり、だんだん客層が悪化してトラブルも増え、運営がうまくいかなくなったケースもあります。

自分が動くことでコストを抑え、運営は順調ではあるものの、お客様の対応に追われて忙しくなり過ぎて、自分の時間がなくなってしまった人もいます。

自宅で1軒だけ運営するならまだしも、複数軒を運営する場合は、自分だけで運営するのはかなり大変です。何を任せるか、何を自分でするのかを、自分でしっかり判断して見極めることが大事です。

外注が少なければ、その分だけ利益率は高くなりますが、人生を豊かにするために始めた民泊の運営で、自由を失い疲弊するのでは本末転倒です。

第 4 章

旅館投資の基礎知識

私たちは旅館業の旅館営業の許可を取得するケースが多いため、「旅館」という呼び方をしていますが、一般的に住宅の宿泊施設としてのは「民泊」と定義されます。そして、民泊には種類がいくつかあります。

第4章では、実際に旅館（民泊）の基本的な知識から、旅館を行うために必要な手続き、また、旅館を行う住宅の選び方や、施設に必要な設備、運営の仕方などのノウハウをお伝えします。

民泊には3種類ある

私たちは、いち早く旅館業を取得していたため、あえて「旅館」という呼び方をしていますが、「民泊」という名称には、法令上の明確な定義はなく、一般的には住宅を宿泊施設とすることを「民泊」といいます。

「Airbnb」など、インターネットを通じてホスト（部屋を貸したい人）とゲスト（宿泊者）をマッチングするＯＴＡ（Online Travel Agent）サービスが人気化したことにより、日本でも訪日外国人観光客が急増したインバウンドブームを背景に、「民泊」が広がりました。

「民泊＝１８０日制限のある民泊新法」と捉えている人もいますが、「民泊」に含まれている業態には、大きく分けて3種類あり、それぞれ宿泊数の制限などの条件や規制が変わります。

【3つの制度比較】

	旅館業法 （簡易宿所）	国家戦略特区法 （特区民泊に係る部分）	住宅宿泊事業法
所管省庁	厚生労働省	内閣府 （厚生労働省）	国土交通省 厚生労働省 観光庁
許認可等	許可	認定	届出
住専地域での営業	不可	可能 （認定を行う自治体ごとに、制限している場合あり）	可能 条例により制限されている場合あり
営業日数の制限	制限なし	2泊3日以上の滞在が条件 （下限日数は条例により定めるが、年間営業日数の上限は設けていない）	年間提供日数180日以内 （条例で実施期間の制限が可能）
宿泊者名簿の作成・保存義務	あり	あり	あり
玄関帳場の設置義務 （構造基準）	なし	なし	なし
最低床面積、最低床面積 （3.3㎡/人）の確保	最低床面積あり （33㎡。ただし、宿泊者数10人未満の場合は、3.3㎡/人）	原則25㎡以上/室	最低床面積あり （3.3㎡/人）
衛生措置	換気、採光、照明、防湿、清潔等の措置	換気、採光、照明、防湿、清潔等の措置、使用の開始時に清潔な居室の提供	換気、除湿、清潔等の措置、定期的な清掃等
非常用照明等の安全確保の措置義務	あり	あり 6泊7日以上の滞在期間の施設の場合は不要	あり 家主同居で宿泊室の面積が小さい場合は不要
消防用設備等の設置	あり	あり	あり 家主同居で宿泊室の面積が小さい場合は不要
近隣住民とのトラブル防止措置	不要	必要 （近隣住民への適切な説明、苦情及び問合せに適切に対応するための体制及び周知方法、その連絡先の確保）	必要 （宿泊者への説明義務、苦情対応の義務）
不在時の管理業者への委託業務	規定なし	規定なし	規定あり

出典：民泊制度ポータルサイト「minpaku」（国交省）
https://www.mlit.go.jp/kankocho/minpaku/overview/minpaku/index.html

①旅館業法（昭和23年法律第138号）の許可を得る
②国家戦略特区法（平成25年法律第107号）（特区民泊）の認定を得る
③住宅宿泊事業法（平成29年法律第65号）の届出を行う

●旅館業法（簡易宿所営業・旅館業）

先に述べたように、私たちの民泊は、旅館業法の認可を受けた「旅館」になります。旅館業法とは、旅館業の業務の適正な運営や利用者サービス、公衆衛生の向上などを促進するために定められた法律です。

この法律では、旅館業とは「宿泊料を受けて人を宿泊させる営業」と定義されています。「宿泊」とは「寝具を使用して施設を利用すること」で旅館業を経営する場合には、旅館業法に基づく営業許可を得なければなりません。

旅館業法では、旅館業を次の3つに分類しています。

①旅館・ホテル営業：施設を設け、宿泊料を受けて人を宿泊させる営業で、簡易宿泊営業及び下宿営業以外のもの
②簡易宿所営業：宿泊する場所を多数人で共用する構造及び設備を主とする施設を設け、宿泊料を受けて人を宿泊させる営業で、下宿営業以外のもの
③下宿営業：施設を設け、1月以上の期間を単位とする宿泊料を受けて人を宿泊させる営業

民泊を行う場合には、旅館営業業または簡易宿所営業で許可を取得するのが一般的です。許可の取得にあたり使用する施設の構造設備が、決められた基準を満たす必要があります。許可の申請は、民泊を行う予定の住宅の所在する都道府県（保健所を設置する市、特別区を含む）の保健所です。

●特区民泊

「特区民泊」は大阪府や大阪市、東京都大田区などの一定地域で実施されている制度で、正式な名称は「国家戦略特別区域外国人滞在施設経営事業」といいます。

国家戦略特区として定められた地域では、民泊を年間の日数制限なく運営できますが、

次の要件を満たすことが求められます。
・外国人旅客の滞在に適した施設を賃貸借契約及びこれに付随する契約に基づき一定期間以上（2泊3日以上）使用させる
・施設の使用方法を外国語で案内する。その他の外国人旅客の滞在に必要なサービスを提供する
・1居室25㎡以上

●民泊新法

日本で「民泊」ブームが起こったのは、宿泊先を探す旅行者（＝ゲスト）と、空き部屋を貸したい人（＝ホスト）とをつなぐプラットフォーム「Airbnb」が、2014年には日本法人を設立し本格的にサービスを開始したのがきっかけです。

当時、オリンピック開催を控え外国人観光客の急増が予想されていた日本では、戸建やアパート・マンションなどの住宅を旅行者などに貸し出す「民泊」が急増しました。

しかし騒音などによる近隣トラブルなどが増え、民泊が実態として宿泊業に近い運営となっていることが問題視され、法整備が進められました。

そこで新たに制定されたのが、2018年6月に施行された「住宅宿泊事業法」（民泊新法）です。

民泊新法では、「住宅宿泊事業者」（民泊ホスト）、「住宅宿泊管理業者」（運営代行会社）、「住宅宿泊仲介業者」（予約サイト）という3つのプレーヤーが位置付けられており、それぞれに対して役割や義務等が決められています。

各プレーヤーの位置付けは次のとおりです。

住宅宿泊事業者：住宅宿泊事業（民泊）を行う者。都道府県知事等への届出が必要

住宅宿泊管理業者：住宅宿泊事業者から委託を受け報酬を得て住宅宿泊管理業務を行う事業者。国土交通大臣の登録を受けなければならない

住宅宿泊仲介業者：住宅宿泊仲介業を営む者。観光庁長官の登録を受けなければならない

つまり、民泊新法で民泊を行う場合は、まず住宅宿泊事業者として登録する必要があり、宿泊者の衛生・安全の確保、外国人観光旅客である宿泊者の快適性及び利便性の確保、宿

【民泊の仕組み】

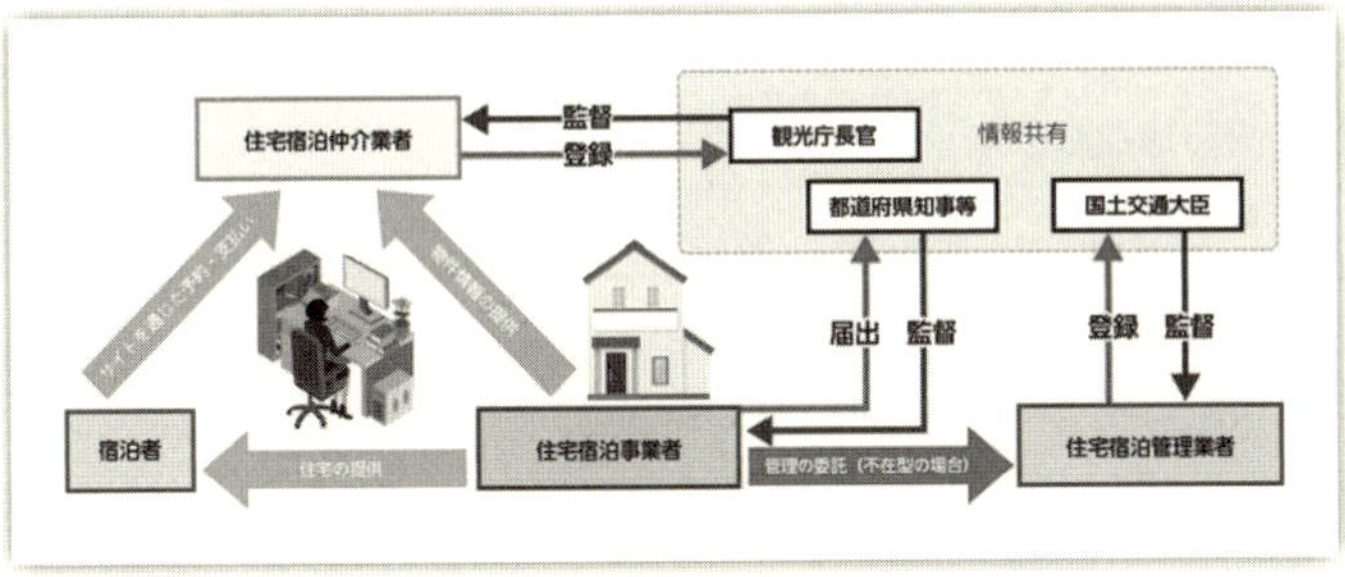

出典：民泊制度ポータルサイト「minpaku」（国交省）
https://www.mlit.go.jp/kankocho/minpaku/

泊者名簿の備え付け、その他さまざまな義務が課されています。

一番大きなポイントは、民泊新法では年間の稼働日数が180日以内と規定されていることです。

また、物件の所在地により、許認可や届出の厳しさも変わります。住民説明会、フロント（帳場）の設置、スタッフの常駐や駆けつけ要件、鍵の受け渡し方法など、地域によって上乗せ条例が定められている場合がありますので注意が必要です。

自治体によっては年間120日しか運営できないうえ、もっと厳しい地域では週末の土日のみと限定されているところもあります。

	家主居住型	家主不在方
営業上限日数	180日	180日
宿泊日数制限	なし	なし
行政申告	届出	届出
実施エリア	全国	全国
火災報知器	条件による	必須
管理人	ホスト自身が管理	管理業者委託

具体例をあげると、杉並区は年間の稼働日数は180日以内ですが、世田谷区では120日以内です。

そのうえで、偶数月ごとに、届出住宅に人を宿泊させた日数、宿泊者数、延べ宿泊者数、国籍別の宿泊者数の内訳の届出も必須です。

家主が同じ建物内に住んでいる「家主居住型」か、家主が住んでいない「家主別居型」かによってもハードルが変わります。ホストが同居していれば、消防設備が簡易で済み、管理業者に委託する必要もないため、コストダウンにつながります。

このように、民泊新法で民泊を営む場合にはさまざまな規制や義務がありますが、検査を受けて許可を取る旅館業に比べると届出制の民泊は難易度は低いといえます。

旅館業法の許可の取り方

続いて、旅館業の許可を取るための一般的な流れを紹介します。

旅館業法の許可申請の窓口は、都道府県（または保健所を設置する自治体）の保健所となります。自治体や物件の条件によって許可取得の要件は変わりますので、実際の手続きについては各都道府県等にご確認ください。

●まずは用途地域の確認

旅館業の許可を取得するためには、まず「用途地域」の確認からはじめます。用途地域とは、住居系や商業系、工業系などの用途に応じて土地をエリア分けしたものです。

用途地域は13種類ありますが、旅館業の許可を取得するには◎の用途地域でなければなりません。この用途地域は、インターネット検索などでも調べることができます。

【旅館業のできる地域】

×第一種低層住居専用地域
×第二種低層住居専用地域
×第一種中高層住居専用地域
×第二種中高層住居専用地域
◎第一種住居地域
◎第二種住居地域
×田園住居地域
◎準住居地域
◎近隣商業地域
◎商業地域
◎準工業地域
×工業地域
×工業専用地域

●保健所への事前相談と申請

旅館業を申請し許可を得るためには、まずは事前に管轄の保健所に相談し、その住宅が旅館業の営業要件を満たしているかを確認します。

なお、保健所に申請する前には、前述した用途地域のほか、建物の確認も必要になります。これは築基準や建築許可を満たしているかの確認となり、担当部署は「建築指導課」や「開発審査課」などです。

その住宅が簡易宿所の要件を満たさない場合は保健所への申請もできませんので、必ず事前相談で確認してください。

現在は旅館業の申請が増加しており、相談や審査に時間がかかることが多いので、必要な書類をあらかじめ用意してから相談にいくほうがよいでしょう。

旅館業の場合、駆け付け要件、フロントの設置、スタッフの常駐、鍵の受け渡し方法なども自治体によって細かく規定されていますので、この辺りも保健所にご確認ください。

【申請時に必要な書類の例】

・登記事項証明書
・土地・建物登記簿謄本
・検査済証
・状況見取り図
・配置図・平面図
・構造設備の仕様図
・使用承諾書（大家・地主の許可）
・水質検査成績書

駆け付け要件の事例でいえば、京都では徒歩10分以内で駆け付けられるか（距離でいうと850メートル）、そうでなければ常駐必須とされています。

加えて350メートル以内のすべての家にポスティングして、説明会を2回開かなければいけません。

このように京都のルールはかなり特殊で厳しいものになっており、基本的に「民泊を参入させない」という、その地域特有の強い意志が感じられます。

東京都内ではそこまで厳しいエリアはありませんが、住民からのクレームにより厳しくなっている地域もあるようです。

なお、東京は宿泊税を1人当たり1泊1万円～1万5000円の場合は200円。1万5000円以上の場合400円、支払う必要がありますが、京都は1万円以下でも200円の宿泊税が必要です。

●消防検査を受けて適合通知書をもらう

旅館業の申請の際にはどの自治体でも「消防法令適合通知書」を提出するよう求められます。「消防法令適合通知書」をもらうためには、消防署の検査が必須です。

必要な消防設備は、宿泊施設の規模により変わりますが、消防設備士の資格がある業者さんに頼んで、非常灯と消火器は指定されたものを設置します。

基本的には、消防署からの指示を受けて、指定された設備を設置してから検査という流れになります。

【適合通知書交付までの流れ】

・管轄の消防署へ事前相談
・消防署の指導に従って、不足している消防設備を揃える
・消防法令適合通知書の交付申請
・消防署の書類審査・立入検査
・消防法令適合通知書の交付

●周辺施設の確認

用途地域的には問題がなくても、周辺約100メートル以内に特定の施設がある場合は、営業が認められない可能性があります。

この点も自治体によって扱いが変わります。手順を踏めば、問題のないことが多いですが、周辺の施設については、まずは地図などで確認してみましょう。

【特定施設とは】

・小、中、高、大学などの学校

・児童福祉施設（幼稚園・保育園・児童養護施設など）
・各自治体が定める施設（図書館・公園など）

運営を自分でやるか委託するか

許可の取得ができたら、どのように運営するかを決める必要があります。

運営代行を委託した場合、代行手数料は利益の2〜5割くらいが目安です。代行内容によっては、手数料以外に清掃費用や光熱費、消耗品費がかかります。

自分で清掃スタッフを雇うなど業務を内政化することができれば、経費は2〜3割にまで抑えられます。ただ、駆けつけまでやるとなると、かなりの時間を拘束されることになります。どのくらいまで自分でやるのかはケースバイケースです。

私の知り合いの会社の話ですが、旅館の運営代行を始めた最初の頃は、備品や清掃の仕方などを各オーナーのやり方に任せていたそうです。

しかし、それぞれが勝手な方法でやると混乱が生じるため、今は運営代行会社が清掃会社を指定したり、備品も同じものを使うよう統一ルールをつくったそうです。そうしないと、特に複数物件を運営している場合は運営レベルが担保できないからです。

まだ、地域によっては運営代行業者が少なく使う業者が選べません。それも加味して立地を選ぶ必要があります。自分主導で運営するのが難しいと思うならば、信頼できる代行業者に預けましょう。

もし自分で運営したいのであれば、それこそ民泊新法の家主同居型にして、きめ細やかに対応することもできます。

例えばお客様の送迎をしたり、一緒にご飯を作ったり、観光地を案内したり・・・。このような自分ならではのサービスを物件の売りにできれば差別化になります。実際にお客様の反応を見ながら自分たちも経験値を積んでいくことで、口コミやリピートにつなげているホストもたくさんいます。

逆に中途半端に業者さんに依頼して、中途半端にオーナーが関わるとミスマッチが起きやすいです。運営代行会社には、それぞれその地域に合わせたやり方があります。依頼する場合は、すべてをお任せしたほうがスムーズにいく可能性が高いです。

繰り返しになりますが、一番トラブルが多いのは、自分でやるのかお任せするのか、しっかり線引きせずに中途半端に関わっているケースです。

自分で動けばコストダウンにはなりますが、本業がある中でしっかり対応できるかといえば、それは難しいでしょう。

ただ、ご家族のどちらかが専業主婦や自営業などで、日中に暇があって動けるのならば、自分たちでも運営が可能です。

具体的に「何をしたいのか・したくないのか」「何ができるか・できないか」をしっかり検討してから運営に関わることをオススメします。

●民泊投資の収支

「民泊は儲かる」というイメージが先行していますが、当然ながら設定価格は、エリア、部屋のグレード、広さや宿泊人数、コンセプトなどによって違ってきます。目安価格については民泊の仲介サイトなどで調べることが可能です。

例えば「Airbnb」のサイトを見ると物件周辺の料金について調べることができます。

民泊運営には、他にもさまざまなランニングコストがかかります。通常の不動産賃貸と比べて経費率が高くなることに注意が必要です。

【民泊運営の代表的な経費】

・ＯＴＡ手数料：「Airbnb」などの予約サイト（ＯＴＡ）への手数料。ＯＴＡによりばらつきがあるが、一般的には予約料金の3〜15％程度。

・運営代行費用：住宅宿泊事業者に義務付けられた業務を委託する場合にかかる費用。旅館や特区民泊であっても、運営代行会社に依頼することはできます。運営の一部、あるいは全部を委託するのかによって費用は異なります。目安は15〜50％程度です。

また、これ以外にも水道光熱費、設備費、Ｗｉ－Ｆｉなどの通信費、清掃費などのランニングコストもかかります。全ての経費を含めた場合、手残りは売上の2〜3割くらいになるケースが多いようです。

宿泊定員の設定

宿泊人数については、2人くらいではホテルと競合しますが、グループだとまとまって泊まることができるので、それが付加価値になります。

私たちの旅館の魅力は、「住むように暮らせる」という点です。バスタブと洗面所、キッチンなど、水回りがしっかり別れていますし、洗濯機や掃除機などの生活家電も揃っているので、ホテルよりも居住性が圧倒的に高いと思います。また、何よりも清潔感を大切にしています。

私が手掛ける旅館の場合、一番多い定員は7人ですが、小グループのお客様も多く、3～5人程度が大半です。

1組4泊以上で予約を受け付けているのですが、例えば4泊の予約が入って、2日間空いて、今度は5泊入るような場合もあります。その場合、この2泊を埋める必要がありますが、ここに10人以上を入れるとなにかと問題が生じがちです。

やはり宿泊人数が多くなるほど騒音クレームが出たり、部屋が荒れたりする可能性が高いですし、大人数で飲食されると清掃が大変です。

オペレーション上でいうと、7人以下が適正だと考えています。もし7人以上にするのであれば、2つに分けたほうが、よほど効率がいいと思います。8人定員よりは、4人定員を2室、5人と3人の2室がいいという考え方です。

また、個人的にはセミダブルに2人を寝かせることはしません。ぎゅうぎゅうに詰めないようにしています。

心配されるのは、やはりお客様が2名だとホテルとの戦いになるということ。これが普通のワンルームマンションなら、無数にあるビジネスホテルに負けてしまいかねません。

ただ、私たちの旅館は物件のクオリティが高いので、ホテルと戦っても勝てると考えています。人数による差別化でいえば、5人まで泊まれれば充分でしょう。

ホテルに対抗するという考え方で10人、20人といった大人数でも泊まれる研修施設のような旅館を運営している方もいますが、そことは、まったく正反対の考え方です。

地方なら大きな家の転用もできるでしょうが、東京にはそもそもそんなに大きな家は少なく、貸家を借りても、中古住宅を買っても、新築を建てても価格が高いです。

そもそも土地から新築する旅館が多いので、大きな建物が建てられる土地が出にくいという事情もあります。また、そこまで定員の多い大きな家になると、初期投資も高額になりますから、リスクも非常に高くなると感じます。

それだけに、東京では定員が多い部屋は希少価値があり検索に引っかかりやすいですし、10人や20人の宿泊であれば、宿泊代金も高くなります。成功すればリターンも大きいですが、失敗したときのダメージも甚大でしょう。最低料金が10万円以上になれば、お客様の数も減ります。

結論としては、東京では大きな箱を建てるよりは、小規模にして泊数を回したほうが効率が良いと判断しています。

なによりも立地を重要視する

振り返れば2018年に民泊新法が施行され年間180日までと規定されて以降、民泊からの撤退が相次ぎました。

では365日営業できる旅館業なら安泰なのかといえば、そうとも限りません。やはり民泊を運営する上で一番重要なポイントになるのは、立地だと思います。私たちがもっとも大事にしているのも立地です。

まず、第2章でお伝えした通り、立地として強いのは東京です。その中でももっとも強みがあるのは、渋谷に近い立地。浅草や新宿も人気なのですが、渋谷を中心に検討するお客様が多い印象です。渋谷にホテルの数が少ないのも影響しており、渋谷に出やすい立地というのは、非常に強いです。

私たちの運営する宿は住宅地にあるので静かな環境ですが、アクセスが良くて駅から5

分程度。この「便利な立地なのに、閑静な住宅街にある」「大きな街へ出なくても、ちょこちょこ店があって地元密着で日本の生活を楽しめる」というのが評価されています。

駅からどれくらい近いのか、商店街はあるのか。近くにコンビニがあるとか、美味しい飲食店、例えば焼き鳥屋や寿司屋、ラーメン屋があるかなども人気を左右します。

余談ですが、最近、特に欧米人に脚光を浴びているのは、日本のパンの美味しさです。ヨーロッパのパンはフランスパンに代表されるハードタイプが多いので、日本のパンの柔らかさ、種類の豊富さに驚かれます。最近人気のフルーツサンドも日本発のパンなのだそうです。

このようにさまざまな食が気軽に楽しめる立地というのも評価される傾向にあります。

負けない旅館のつくり方

ここからは、私たちの旅館づくりのポイントや、ノウハウなどをご紹介します。

●水回り

物件選びでは、立地が最も重要であること、旅館ができる用途区域で、オーナーの許可が得られる物件は希少であるのは、すでに何度か触れました。

古い物件でも「旅館業可」となれば強気な価格で賃貸市場に出て、実際に引き合いも多いようです。このような古い物件の場合、特に注意すべきなのは水回りです。三点ユニットであればまだマシですが、水回りが古くてバランス釜のような部屋は全面リフォームが必要です。

水回りのリフォームは高額になりますので、契約前に工事の見積もりを取るなどして、初期投資コストが収支予測に見合うかどうか確認することが大切です。

●間取り

風呂とトイレが別であるのが基本条件で、ワンルームに小上がりを造作して、そこに畳を敷いて、寝室ゾーンとして区切るようにしています。

そうすることで、実質、1部屋でありながらも寝室のほかにリビングやダイニングがあるようイメージづけられます。ホテルでいうとジュニアスイートのような感じでしょうか。

定員は7人がマックスですが、2～3人で泊まってゆったりと過ごされる方も多いです。この間取りにしたことで、競争力が高まっていると思います。

●インテリア

全体的にはホテルライクでモダンなイメージです。内装デザインの仕事を母が長年やっていて民泊需要にも詳しいので、相談して決めています。

かつて浅草の物件は和風のインテリアにしていましたが、同じコンセプトの物件が増えすぎてしまったので、万人受けする落ち着いた雰囲気に変えました。写真で見て統一感があり、上質感や清潔感を感じられるよう意識しています。

●カーテン

静かな環境であるのに加え、カーテンが遮光であることもポイントです。海外からのゲストは時差があるので、日中であっても寝たいというニーズがあります。
また、真っ暗にして寝るのを好む人もいますので、私の旅館では全て一級遮光カーテンにしています。

●家電

家電は、テレビ、洗濯機（コンセプトによっては乾燥機付き）、冷蔵庫、電子レンジ、アイロン、ドライヤー、ポットなど、日常生活で必要な家電は全て揃えています。

テレビはなるべく大画面のものを選びます。チューナーレスでネットフリックスやYouTube、amazonプライムなど、ご自身のアカウントで視聴いただけます。

●調理器具・食器

調理家電や食器も暮らしに必要なものは揃えています。最低でも鍋、フライパン、ボール、お玉やフライ返し、包丁など。グループでの宿泊を想定し、食器やカトラリーなどは人数分用意しています。

●寝具

私たちの旅館の特徴は、寝具はすべて布団であること。

ベッドを置かないのは、限られた面積にベッドを置くと狭苦しくなってしまうからです。中には畳の部屋もありますが、フローリングに敷く場合もあります。

その場合も床に直接布団を敷くのではなくて、前述したように、小上がりを造作して、そこを寝室という扱いにしているケースが多いです。

外国のお客様は薄い布団が苦手で、10センチくらいの分厚くてちょっといいマットレスを使っています。それくらいでないと「腰が痛い！」とクレームになる可能性があります。

●清掃

民泊専門の清掃会社もありますが、費用は高額です。コストダウンのために自分でやってもいいですし、ご近所の人にパートでお願いすることもできます。

宿泊業にとって清潔感はとても大切です。私たちの旅館では、清掃スタッフにはきっちり掃除をしてもらえるよう、必ず研修として3部屋は一緒に清掃を行い、気を付ける部分や重要視する部分について直接お伝えしています。

その後も自己流に走らないよう、マニュアルの作成や、毎回写真によるチェックも行っています。

東京の場合は複数泊の予約が取れるため、清掃費のコストはそこまでかかりません。

これが地方になると1泊ごとにお客様が入れ替わり、その都度、清掃が必要です。「Airbnb」では清掃費を別に請求することができますが、清掃スタッフの手配なども必要なので、複数泊していただくほうがオペレーション上もやりやすいのです。

最近は都内の物件の家賃が上がっているため、地方の民泊も注目されています。しかし地方の場合、部屋が広くなるのでその分、清掃が大変になります。清掃スタッフの雇用に際しても、時給は低いかもしれませんが、地方のほうが人手不足ということもあります。特に海や山などの別荘利用になると、バーベキューができることが付加価値になります。お客様には楽しんでいただけますが、清掃は大変になります。

その点、東京の旅館では、効率よく清掃ができますし、地方に比べて清掃スタッフも集めやすいです。

●リネン・タオルの洗濯

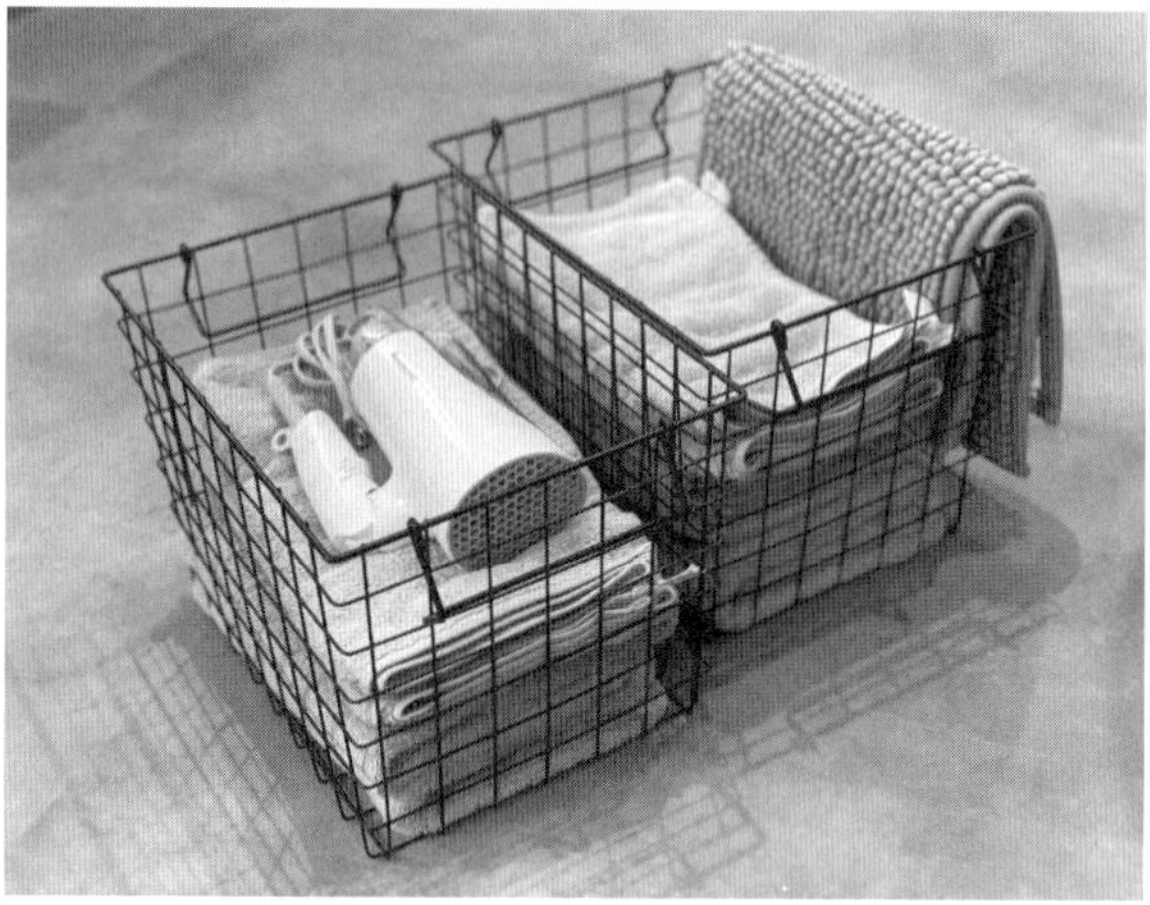

詰め放題のクリーニングサービス「しろふわ便」
https://www.shirofuwabin.jp/price

自分で洗濯したり清掃スタッフに依頼したりする以外に、クリーニングサービスを利用する方法もあります。定額つめ放題のクリーニングサービスを利用し、小さいタオルは自分で、リネンなど大きくしわなどが気になるものはプロに委託すると手軽で割安です。

リネンやタオルは洗濯を考えると、人数分×4セットは必要になります。室内のドラム式洗濯乾燥機、または浴室乾燥があるので、一定の宿泊数以外は交換用はおかず、ゲストには自分たちでやってもらう形でもいいでしょう。

●荷物預かりサービス

チェックイン前、チェックアウト後に、荷物預かりをするサービスもニーズがあります。私の運営する旅館の場合、玄関から入ってすぐお部屋ではなくフロント（帳場）スペースがあるので、メインエントランス内に荷物を置いてもらえます。

【コラム】トラブル対応Q&A

民泊・旅館を運営してみたい、でもトラブルやクレームが来たらどうしよう・・・そんな不安をお持ちの方も多いでしょう。

本コラムでは、実際に民泊を9年運営している私たちの経験から、Q&A形式でトラブル対応について解説していきます。

Q　騒音クレームが心配です。

A　マンションでよくあるRC造であればそこまで心配はありませんが、建物が木造だと騒音の問題は起こりやすいです。
私たちの運営する旅館も木造であるため、「木造の建物です。音が響きやすい構造なのでご配慮ください」と全ゲストにしっかり伝えています。

また、上下に2室あるケースが多いので、上の階に大人数が宿泊するときは、下の階のゲストに事前に「うるさかったら言ってください」と伝えることもします。

実際に騒音の関するクレームが来た場合には、すぐに該当のお客様にメッセージで注意を促します。やはり多いのは夜遅い時間の騒音クレームですが、すぐに双方にメッセージをして誠実に対応すれば、納得していただけることがほとんどです。また新築も多いので、その場合は上下階と、階段部分の壁の防音対策を最大限に行っています。

Q　部屋の設備が壊れたらどうすればいいですか?

A　ゲストに設備を壊されたときは「Airbnb」の保険「日本ホスト保険」を使うことができます。「日本ホスト保険」は、ゲストが原因でホストの所有する家財や宿泊施設が破損した場合に、3億円までの補償をホストに提供する「Airbnb」のプログラムです。

ゲストや第三者に対する財物破損または人身傷害に関連してホストが賠償責任を負うか費用を負担する場合にも、最大1億円までの補償が提供される可能性があります。保険適用地域は、日本国内に限定されます。

なお「Booking.com」には保険がついていませんが、代わりに保証金を設定できます。宿泊できる人数の規模によって、設定の有無の検討をするとよいでしょう。

【日本ホスト保険の適用対象】

以下の場合には日本ホスト保険が適用されます。

・ゲストの滞在に起因してホストが所有するリスティングに破損があった場合
・ホストがゲストまたは第三者の人身傷害について賠償責任を負う場合
・ホストがゲストまたは第三者（ホストが管理するリスティングの所有者を含む）の財物破損について賠償責任を負う場合
・ホストがゲストまたは第三者の人身傷害について費用を負担する場合の費用補償
・ホストがゲストまたは第三者（ホストが管理するリスティングの所有者を含む）の財物破損に関連して一定の費用を負担する場合の費用補償
・染みまたは臭気の除去が必要な財物の修復にかかる費用

出典　Airbnbヘルプセンター　https://www.airbnb.jp/help/article/3344

ホスト側の原因、例えば経年劣化等で住宅設備が壊れた場合などは、速やかに対処しましょう。

基本的な設備が使えないことはゲストにとって不便ですし、悪いレビューにもつながります。そうした突発的な修繕費用は、あらかじめかかるものと認識して用意しておきましょう。ただし、すべて即時即日対応が必要なわけではありません。緊急度に分けて、すぐ対応が必要なものなのか、チェックアウト後に対応するものであるのか判断することで無理なく対応ができます。

Q　ゲストが忘れ物をしたときはどうしますか？

A　忘れ物があった場合は、ＯＴＡ（第５章参照）上のメッセージでご連絡します。

東京の場合、日本を周遊した後に戻ってくることも多いので、取りに来られるケースが多いです。非常にまれですが、もし送って欲しいというリクエストがある場合は、送ってあげることもあります。

Q　ゴミトラブルの対応は？

A　わかりやすく図を入れた張り紙をするなどして、注意喚起をするしかありません。

この点、東京は空き缶とペットボトルが分別ごみで、金属やガラスなどが燃えないゴミ、後はほとんど燃えるゴミなので、トラブルが起こりにくいです。

長期宿泊の方であれば、事前にゴミがたまった場合は連絡をしてほしいと伝え、エントランスにゴミを出してもらい引き取りに行きます。外にゴミを出すとカラスの被害にあう可能性があるので、外に置くことはしないほうがいいでしょう。

なお、エントランスのない宿では、ゴミボックスやポリバケツなどの用意をします。

Q　禁煙なのに喫煙するゲストに困っています

A　喫煙不可と明記していても、残念ながらこっそり喫煙するゲストもいます。吸い殻を見つけて喫煙を指摘したところ、報復レビュー（腹いせに低いレビューを書かれる）を付けられてしまう可能性もあり、どこの施設でも頭を悩ませている問題だと思います。

まずは、張り紙やメッセージで必ず禁煙を守ってほしい旨を伝えます。また、近くで喫煙できる場所の案内をしましょう。


タバコで一番心配なのは火事ですが、タバコ臭が残るのも難点で、特に次の予約が迫っている時には、短時間で消臭する必要があります。

最近の強い味方はオゾン脱臭器です。これは有名ホテルや医療機関などでも使用されている機械ですが、短時間で消臭・除菌ができて消臭スプレーなどとは比較にならないほど効果があります。いずれすべての民泊物件に導入予定です。

気を付けたいのは、建物外での喫煙です。近隣からの苦情の原因にもなりますので、禁止であることをしっかり伝える必要があります。

Q 近隣からのクレームがないか心配です

A 近隣住民からのクレームは、主に「治安悪化へのクレーム」です。住宅街などでは、見慣れない外国人旅行者が行き来すること自体を良く思わない人もいます。

特に物件がわかりにくい場合に、他の家のベルを鳴らしたり、夜に道を訪ねたりすることで近隣が不審に感じるケースがあります（きちんと運営すれば一度も起こりません）。

近隣からのクレームがあった場合には、まずは状況を把握し、迅速かつ誠実な対応を心がけましょう。ゲスト側に問題があった場合は、注意させていただきますが、民泊では次々に新しいお客様がくるので、同様のトラブルへの再発防止策を講じることがなにより重要です。

ゲストの方が迷わずに到着できるようご案内をすること、すぐに連絡がつくようにしておくこと、スムーズにチェックインできる仕組みを工夫して行っています。これは、積み重ねのノウハウなので慣れていけば、近隣からのクレームはなくなります。実際、ここ何年も近隣からのクレームはありません。

Q　もしも民泊で火事などの事故があって賠償責任を問われたらどうしますか？

A　先に「日本ホスト保険」についてご紹介しましたが、火災や災害への備え、賃貸している場合は大家さんへの賠償責任など「Airbnb」の付帯保険では、カバーできない部分もあります。

そこで、別途保険に加入してリスクに備えるようにしましょう。

なお、住居を利用した民泊であっても事業用となるため、保険は事業向け保険に入る必要があります。事業向け保険はどの保険会社にもありますし、民泊専用の保険も発売されています。

【ホストに必要な補償の例】

・ホストが所有している設備等の損害補償
・オーナーに対する損害賠償責任（転貸の場合）
・ゲストや第三者に対する損害賠償責任
・近隣の建物等への損害を補償
・建物の火災保険（所有の場合）

第5章
民泊の儲けは集客で決まる！

どれだけインバウンドが盛り上がっていても、お金をかけて素晴らしい宿を作っても、お客様に泊まってもらわなければビジネスとして成り立ちません。

つまり、集客で民泊・旅館の収益の度合いは決まるのです。

本章では、「どのようにお客様を募れば常時稼働できるか？」についてのノウハウを解説します。なお、この集客方法については、さまざまな手法があり、私のやり方だけが正しいわけではありません。

その地域や物件、シーズンに合った集客法がありますので、あくまで一例として参考にしてください。

どうやって集客すればいいの？

お客様に来ていただくためには、自分たちの宿の情報を知ってもらい、選んでもらう必要があります。特に海外からのお客様にアピールしたい場合、ＳＮＳや自社のホームページでは言語の問題もあり限界があります。

そこで、多くのインバウンド向けの宿泊施設が、インターネット上の旅行会社「ＯＴＡ（Online Travel Agent）」を活用しています。

代表的なＯＴＡには「Airbnb」「Booking.com」「Expedia」「Agoda」「hotels.com」「trip.com」などがあります。国内向けでは、「楽天トラベル」「じゃらん」「ヤフートラベル」などが有名です。

ただし、これらの予約サイトの多くは旅館業の許可をとっている施設でないと掲載できません。

民泊新法で運営している場合は、「Airbnb」「Booking.com」「Expedia」など民泊新法で認められたＯＴＡに限られています。
住宅宿泊仲介者、および民泊を取り扱う旅行会社のリストは、観光庁の運営する民泊制度ポータルサイト「minpaku」などで確認できます。

【民泊新法を取り扱うＯＴＡ（一部）】

・Airbnb
・Booking.com
・Agoda
・Expedia
・楽天バケーションステイ

出典：住宅宿泊仲介業者および民泊を取り扱う旅行業者のリスト
https://www.mlit.go.jp/kankocho/minpaku/business/mediation/list.html

オススメは「Airbnb」

第1章でも触れましたが、私たちの宿では、現在「Booking.com」と「Airbnb」の2サイトだけで集客しています。それで充分に集客できていますし、ゲストからの口コミを集中させたいという意図もあります。

中でも、私が一番オススメなのは「Airbnb」です。特徴としては、「Airbnb」はホストがお客様へのレビューを書けること。他のOTAでは、一方的に悪いレビューを書かれて終わりになってしまうことが多く、ホスト側の言い分は反映されません。

その点でお互いにレビューの大切さを認識しているため、「Airbnb」の場合は悪意からのレビューが少なく、お部屋の使い方など含めても客層が良い印象があります。

多くのサイトを使うほど、予約状況やサイト管理、問い合わせの対応が大変になりますし、サイトコントローラーを使ったとしても、細かい部分を見れば全て一元化ができるわけではありません。

サイトコントローラーとは、複数のOTAを利用する時に使うシステムです。複数のOTAを利用すると、集客の機会が増える一方で、各サイトの予約や空室情報、料金やプランなどの管理が大変になります。

場合によっては、ダブルブッキングなどのオペレーションエラーにつながる恐れもあります。そうした問題を解決するために使うのが、サイトコントローラーというシステムです。サイトコントローラーを使うと、複数のOTAの予約状況を一元管理することができます。

また、OTAごとの予約状況や販売状況などをデータで比較できるので、より効果的な集客やマーケティングに活かすことができます。

ただし、サイトコントローラーの利用にはコスト（初期費用と手数料）がかかります。「Airbnb」を例にあげると、通常の予約の場合手数料は3％で済みますが、サイトコントローラーを入れると、その段階で15％に跳ね上がります。その代わり、ゲスト側の手数料はなくなります。

私たちは何十室も扱っているのでサイトコントローラーは必須ですが、1人のオーナーさんが1物件を運営する程度なら必要ないと思います。

あまり物件数が多くない場合は、ＯＴＡを「Airbnb」と「Booking」のみに絞って、どちらかの予約を許可制にすれば、サイトコントローラーなしでも運営できます（Airbnbでいうと、「今すぐ予約」をするかしないかの選択）。

集客は、宿の運営で一番大事な部分になりますが、サイト数でなく、効率と内容を重視すべきです。

リスティングのコツ

予約サイトでは、まず自分のアカウントを作成し、アカウントにリスティング（物件の紹介ページ）を登録する必要があります。

リスティングには、自分の宿のアピールしたい部分と必要条件を書くのですが、この際に漠然とした書き方をすると伝わりません。例えば、Airbnbのリスティングタイトルに「東横線○○駅からすぐ／観光に便利」と書かれていても、海外からのゲストには、その駅がどんな場所なのか、本当に便利なのかがわからないのです。

具体的かつ簡潔に、最寄駅から徒歩何分で、主要駅や主要観光地、例えば渋谷駅や新宿駅、浅草や渋谷、新宿まで電車でどれくらいかなどを記載します。

間取りや平米数、ベッドや布団の数、何人まで宿泊ができて快適人数は何人か、提供するアメニティは何か、チェックインとアウトの時間、荷物の預かりについてなどの必要事項を記載し、さらにその宿ならではのアピールポイントも加えます。日本での楽しい生活がイメージできるようにするのがポイントです。

もちろん、書いたからにはお客様の期待を裏切らないよう、しっかり準備しておく必要があります。

写真の撮り方

全てのゲストがリスティングをしっかり読みこんでいるわけではありません。書いてある内容に関する問い合わせが来ることも多いです。

写真の第一印象で判断するゲストも多いので、リスティングに載せる写真は最も大切なポイントだといえます。

明るく、開放的に見えるように室内写真を撮ることは当然ですが、備えてある設備（キッチン備品や洗濯機、乾燥機、浴室乾燥など）やアメニティ（リネン類やシャンプー類など）、間取りやアクセスなども、パッと一目で見てわかるような写真が理想的です。

また、水回りの清潔感を重要視するゲストが多いので、水回りは必ず、お風呂・トイレ・洗面と一つずつ別々に写真を撮って、最初のほうに掲載します。

海外からのゲストは、シャワーだけで浴槽は不要と思われがちですが、これは人によります。1人よりもファミリーやグループなどで宿泊されることが多いので、もし浴槽を使わなかったとしても3点が分かれていることに意味があります。

水回りの印象は口コミにも影響します。水回りを徹底していない宿との大きな差別化になるので、宿泊費を考えても重要視すべきポイントです。

このように、リスティングにおいて写真は非常に重要な役割を果たすのですが、この写真をプロに撮影を頼むかどうかは、物件にもよります。

例えば1階と2階に別れている場合、部屋が複数あるのなら、まとめて撮ってもらえるので、カメラマンにお願いしてもいいかもしれません。

最近のスマホのカメラはとても性能がいいので、まずは自分で写真を撮ってアップしてみて、それで反響が悪いようなら、改めてプロに撮ってもらった写真に差し替えるのも一つの手です。

「Airbnb」の場合、初期の頃はカメラマンが無料で来てくれたのですが、今は有料オプションになっており「1万円で撮影しませんか?」というオファーがあります。

リスティング重要項目の設定方法

リスティングの設定には、たくさんの項目がありますが、ここでは、特に「宿泊業を運営していく上で、これが大事!」という点についてお伝えします。

ただ、これらの項目の正解はひとつではありません。エリアや物件タイプ、時期など複数の理由により「最適解」は変わっていきます。

そのため、ここはあくまでも東京で運営を行っている私のやり方であることをご了承ください。あなたのリスティングの参考になれば幸いです。

●「あやか式」リスティング術①　カレンダー設定

これは、エリアやその地域で行われるイベントなどによって変わりますが、宿泊業には1年のうち、大きく分けて繁忙期と閑散期と通常期というものがあり、それに合わせて金額を決めてカレンダー設定をしていきます。

どのくらい先までの価格設定をするかというと、年末年始は4カ月前、閑散期は6カ月前で、平均すると4～5カ月が目安です。

あまり先まで設定しても、早めに入った予約はキャンセル率が高いので、あまり期待しないほうがいいでしょう。「Booking.com」はキャンセル不可のみの設定ができるので、早めに開けてキャンセル不可プランのみにしてもいいかもしれません。

年末年始や桜の季節などの繁忙期には、宿泊日数を通常より長めにしています。年末年始に入れ替えが頻繁だと、掃除スタッフの手配が大変だからです。

年末年始はパートさんも見つかりにくく、宿泊日数が短いほど経費率が高くなります。繁忙期にわざわざ妥協することもないので、直前になって埋まっていなければ4泊にする場合もありますが、強気で始めていいでしょう。

最低宿泊日の設定を長めにしておき、近くになって予約が空いているところに関しては、予約可能日数と金額の調整をするのがコツです。

いずれにしても動きがあるものなので、常にカレンダーを見ながら設定を細かく変えています。

●「あやか式」リスティング②価格設定

宿泊業を運営する上で、適切な価格設定は経営の重要ポイントです。

宿泊施設の魅力（コンセプトや立地、設備やサービスなど）を総合的に評価することが大切で、高すぎると予約が減り、安すぎると収益が悪化するほか、客層が悪くなるという問題があります。また、宿泊業には必ず繁忙期と閑散期が存在するので、その時その時で価格設定を変えています。


この価格設定については、自分の中でルールを作って、それに従ってやったほうがいいでしょう。私たちの場合、空室がある場合の価格設定は2段階で行います。

まず、月の中旬に翌月1カ月分の料金を見直します。そして10日～2週間前くらいになると、また価格を変更するという感じです。

また、私たちの宿では最低宿泊数を4日としているのですが、予約と予約の間が4泊以下になってしまうことがあります。そのような場合、価格を変更し、短期間の予約も受け入れます。

稼働率はシーズンによります。100％稼働のときもあれば、9割のときもあります。繁忙期は価格が高く、閑散期は閑散期で適正な金額設定があるので、その金額で設定して高稼働をキープします。

基本的には、これまでの実績などを考慮してその時期ごとの価格帯を決めておいて、先ほどの2段階ルールで価格を調整しています。

ルームクリーニング代や備品、人件費など、ゲストを受け入れるうえで最低限かかる経費、その経費を除いて利益が取れる金額があるはずです。もしその金額で予約がとれないようなら、そこではもうやらないほうがいいという判断になります。

●「あやか式」リスティング③　メッセージ

メッセージに関しては、あらかじめ定型文を作って対応します。

定型文の設定方法はサイトによって違います。

「Booking.com」は各ページに定型文の設定ができます。例えば、A棟とB棟の2つの建物があり、各棟上下階2部屋（計4部屋）あったとします。その場合、A棟とB棟それぞれのページになります。

A棟のゲストには、A棟用の定型文しか送れない仕様になっているので、定型文の数が増えた時に楽です。

一方、「Airbnb」では、一つのアカウントに全部屋の定型文が集約される仕様です。そのため、部屋数が増えれば増えるほど、定型文が増えていき、対応するためには、その都度すべての定型文の中から、その部屋の定型文を選ぶ必要があります。

10部屋も持っていると、チェックイン情報だけでも10個の定型文が並ぶわけです。日本語・英語を入れたら20個になります。

複数の定型文を登録できますが、探すのが大変なので最低限だけ入れておき、あとは携帯メモを使うほうが早いです。携帯のメモはスペルで検索できるので、検索してその定型文をコピペします。

ただ、「Airbnb」の場合、共通で使える定型文は、登録が1回で済むので、そこは便利です。

まとめると、「Booking.com」は物件ごとに定型メッセージを保存できるので操作がしやすいし、定型文も整理しやすいので、物件と定型文との紐づけがとても簡単です。

しかし「Airbnb」は、定型文は作れるものの、各物件に対しての定型文ではないため、物件と定型文を紐づけする工夫が必要だということです。5物件、10物件もあるような場合は、その作業が煩雑になりますが、物件数が少ない人であれば問題ありません。

安さにこだわるのはトラブルのもと

価格設定の項目で、高すぎると予約が減り、安すぎると収益が悪化するほか、客層が悪くなるという問題があると述べましたが、今の民泊は、さまざまなレベルの宿があります。中には高級路線の宿もありますが、その多くがコストを削減した儲け重視の宿です。

それでも結果が出ているならいいのですが、低いレビューをつけられてしまい、「思うように稼働しない・・・」とお悩みのケースも珍しくありません。

厳しい言い方かもしれませんが、その物件に要因がある場合（例えば布団が汚かったり、髪の毛が落ちていたり）というようなケースでは、悪い評価をされても仕方がありません。お金をいただいて貸している以上、文句を言われるような状態では貸すべきではありません。


ただ、理不尽な要求をされ、お断りすると悪いレビューを書くモンスタークレーマーのようなお客様も存在しています。このような困ったお客様のトラブルは、賃料が低い宿ほど多く、高い宿になるほど少ないと感じます。

これは賃貸住宅と同じです。安い部屋は安いなりの理由があるから、その価格設定がされており、そして安い部屋を選ぶのはそれなりの入居者さんです。賃料2万円のボロアパートと、賃料10万円のマンションでは、クレームやトラブルの数が全く違います。

そこを自覚して覚悟した上で、安い単価で営業するのも一つの戦略だとは思います。極限までコストを削減して、利益の最大化を目指す投資家さんもいるでしょう。

しかし、長い目で見た場合はどうでしょうか。やはり私は、自分が泊まって満足できる部屋をお客様に提供したいと考えます。

安さ追求よりもクオリティを重視

私は、安さよりも大切にしているものがあります。例えば、お部屋の修繕や新築物件を建築するときでも、工務店やリフォーム業者に相見積りをたくさんとって、その中から最も安いところ選ぶということはしません。

「とにかく安く」ではなく、適正な対価を支払ってしっかりとしたサービスを受けたいからです。

見積もりで最も安いところは、最も資金繰りが悪い会社である可能性もあります。リフォーム業者であれば、リピーターのお客様が少なくて常に新規開拓をしなくてはいけないから、とにかく値段を下げて仕事を取るやり方をしているのかもしれません。

最悪の場合、契約金だけ払い、途中で工事が止まったという話も珍しくない世界です。

民泊を始めたいという人は、副業や投資に興味があり、時代のトレンドにも敏感で優秀な方が多いです。高学歴、エリートサラリーマン、医師や公務員といった社会的地位のある方も少なくありません。

そういう人たちが本を一生懸命読んだり、セミナーに通ったりして学び、「最も儲かるのがこれだ」と判断した結果、最もリスクが高い選択をしてしまうことがあります。

リスクとリターンは正比例するというのは投資の常識ですが、それは民泊でも同じ。安いコスト、安いオペレーション、安い宿泊料で民泊をやると、それに見合ったトラブルを引き寄せる可能性があります。まず、その点をきちんと理解しておかなければいけないと思います。

レビューとリピーターの獲得

第1章でも述べましたが、旅館運営にあたって実際に宿泊したお客様からの評価である「レビュー」(口コミ)を重視しています。

良いレビューが集まれば、検索でも上位に表示されますし、「スーパーホスト」などのランク付けがされ信頼性が増します。

私たちの宿では、徹底した清掃や充実した設備やアメニティ類の提供はもちろん、ゲストへのちょっとした気遣いを心掛けています。

例えば、宿泊中に「東京での滞在を楽しめていますか？　何かあればいつでも連絡してくださいね」といったメッセージを送ったり、近くでイベントがあれば情報を送ったり、オススメの飲食店があれば情報をシェアしたり、清掃の状況でアーリーチェックインやレイトチェックアウトができる場合はそれをお伝えしたり。

どれも普段やっていることの延長線で大して手間はかかりませんが、温かみのある交流はゲストの旅を豊かにし、満足度を高めます。

結果、良いレビューを書いてくださる方が増え、集客やリピーターにも繋がっているようです。

リピーター客、つまり一度宿泊されたお客様がまた来てくださるケースも増えています。

中には3回目というお客様もいて本当に嬉しく感じています。

私たちの宿はシリーズ展開しているため、同ブランドの他の旅館に滞在される方もいます。同じ運営会社なので、リピーターのお客様にも安心感があるようです。

前述した通り、今、民泊業界はインバウンド需要でとても盛り上がっており、ライバル物件も増えて過当競争に入っている状況です。

そのことに不安を感じる方もいるかと思いますが、しっかり運営してお客様に快適な宿泊体験を提供し続ければ、その実績が良いレビューやリピーターとして返ってきてくれるのです。

【コラム】居心地の良さを追求したお部屋づくり　板垣ひろ美さん

●プロフィール
サロンを併設した自宅のデザインをきっかけに、女性目線での建物のデザインを手伝うことになりました。これまでの実績はアパート20棟、シェアハウス6棟、旅館42棟。ホテルライクな雰囲気を大事にした洗練された空間づくりを行っています。特にホワイト基調やグレージュ系が得意です。

――旅館に関わるようになったのはいつ頃ですか？　またそのきっかけは？

もともとインテリアが好きで、自宅のデザインをしたところ、気に入ってくださったA社のSさんの紹介でアパートやシェアハウスのデザインを手伝うことになりました。
そんな中で、ちょうど9年ほど前、Sさんが旅館を手掛けることになり、インテリアや内装デザインの依頼を受け挑戦しました。

試行錯誤しながら旅館のデザインを手掛けるうちに、気づいたら難しかった旅館のデザインがとても楽しくなりました。旅行先のホテルや旅館など細部まで見て、デザインやおもてなしを感じることが趣味の一つになっっています。

——旅館ではどのような関わり方をしていますか？

建物の外観と内装だけでなく、室内に置く家具や家電、装飾品など全体的に関わっています。宿泊サイトに掲載するための写真撮影のお手伝いもしています。

——これまで何軒くらいの旅館に関わっていますか？　関わった地域や地域の特徴などを教えてください。

京都20棟（中古2棟含む）、東京20棟の計40棟です。京都は、地域のイメージが影響しているのか、やはり和の雰囲気の反響がよかったと思います。

東京は、都心と浅草方面でも分かれますが、京都に比べると、和でなく落ち着いた感じや可愛いらしさ、近代的なものが主流になってきます。

地方を含めても、京都だけは外国の方から見ても独特な地域感があるのだと思います。

——外国人のお客様ならではの対応はありますか？

普段は椅子の生活をしているので、畳がメインのお部屋でも、必ず椅子を設置できるようにしています。1日だけの滞在であれば、The日本風でもいいですが、数日、数週間と長期の滞在になると、やはり慣れた環境が快適さに変わります。

設備でいうと、トイレはウォシュレットが好評で喜んでもらえます。

寝具はお布団にして、人数を工夫しています。マットレスや枕の厚さなどについても、首や腰が痛くならないように細心の注意を払っています。

——失敗または、成功のエピソードを教えてください。

失敗エピソードは窓が多く明るい部屋や、高い位置に窓がある場合、すべてを遮光することができません。朝が明るすぎて起きてしまうという意見や、長時間のフライトだと時差のため、昼寝をしたいのにぐっすり眠れないというご意見をいただきました。

成功例としては、京都や浅草など、和の求められる場所では、ちょっとやりすぎかなと思うくらい、かなり奇抜なもので和をつくることで喜ばれています。

——選んでもらえる宿にするための工夫は？

特に水回りの清潔感を重視します。もちろん、実際に清潔に保つということも大事ですが、写真でそれが伝わるものでなければいけません。

海外はシャワーブースだけの場合が多いですが、日本ならではの浴槽を設置しています。入る入らないはゲストによりますが、より快適に過ごせることが大切です。

ちょっとしたことで言えば、お部屋全体が和の雰囲気かどうかにかかわらず、インテリアに少しでも和のテイストを入れるよう心掛けています。

——これまでの経験で、どんなサービスが外国人旅行客に喜ばれますか？

デザインが直接サービスになるかはわかりませんが、満足度や売上には必ず影響します。必要なものや環境がすべてそろっていること、そしてそこにゲストが足を踏み入れた時、「いいお部屋だな」「ここにしてよかった」と思ってもらえる第一印象を大事にしています。

ホテルと差別化するため、家族旅行やグループ旅行など複数人で来られた際、不便がないようにダイニングチェアは必ず人数分を用意しています。ただ、少人数で広く使いたいゲストもいるので、使わない場合は邪魔にならないものを選んでいます。

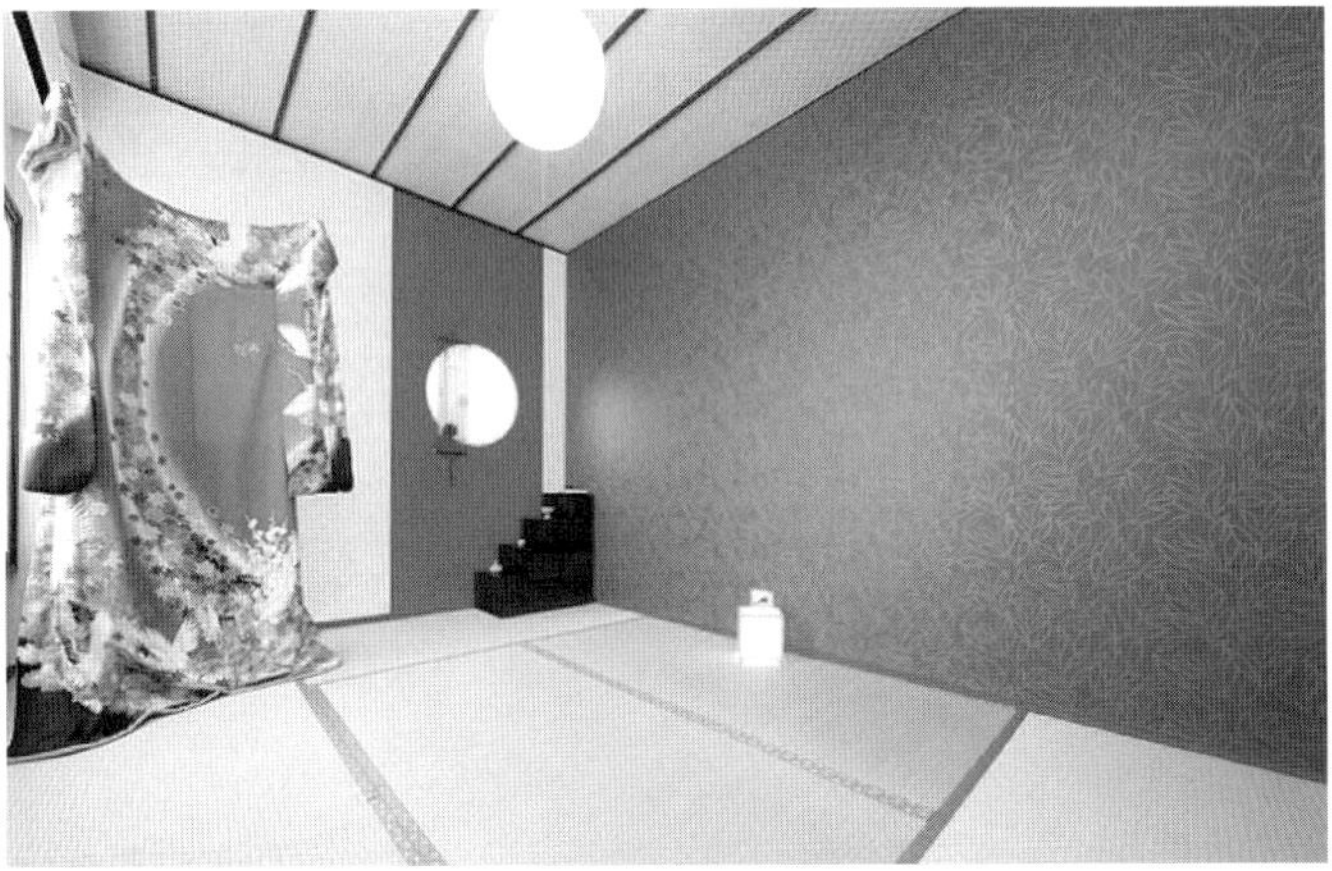

――旅館に興味がある人へのメッセージをお願いします。

世界中で旅行がカジュアルになってきた現在、日本へも本当にたくさんの観光客が訪れています。

そんな観光客に喜んでもらえる宿づくりは、楽しくてやりがいのある仕事です。

最初は私も、民泊のイメージもなければ、どういったビジネスかも全くわかりませんでした。ただ、一歩踏み出せばあっという間です。やること自体は単純で、さほど難しくありません。

やり方さえ間違えなければ、これからも民泊はビジネスとして未来があると強く思います。

第6章
稼げる民泊・旅館成功事例

第6章では、実際に旅館を始めている方、自宅で民泊を始めている方の事例をご紹介します。

私が運営している宿は、旅館業法の旅館が主流ですが、ご家族で民泊新法の宿を運営されている方もいらっしゃいます。どんなスタイルがあるのかを知って、読者の皆さんの参考にしていただけたら幸いです。

※本文で紹介している家賃は、普通賃貸で募集した場合の想定家賃です。売上は年平均の金額を記載しています。

【浅草】古い床屋さんをフルリノベーションした旅館

家賃13万円→月の売上90万円

2016年、木造の店舗併用住宅をフルリノベーションした事例です。場所は浅草の六区の近く。リフォーム前は、1階が床屋、2階が住居という昭和時代の間取りでした。

2016年当時の旅館業法は、今より床面積の規制が厳しかったため、1階の一部を倉庫にして床面積を減らしました。リフォーム後の間取りは、1階がリビングと倉庫、2階が寝室となっています。

戸建てで広さもありましたので、リビング等も広々使える配置や家具選びを意識しました。

浅草ということもあり内装には非常に力を入れ、和のテイストを存分に取り入れました。とはいえ、かけられる予算は限られていたので、小物類や色などを上手に組み合わせて雰囲気を作り出すことに注力。

時に斬新な色の物を使ったり、できるだけメンテナンスや清掃時に手間がかからないも

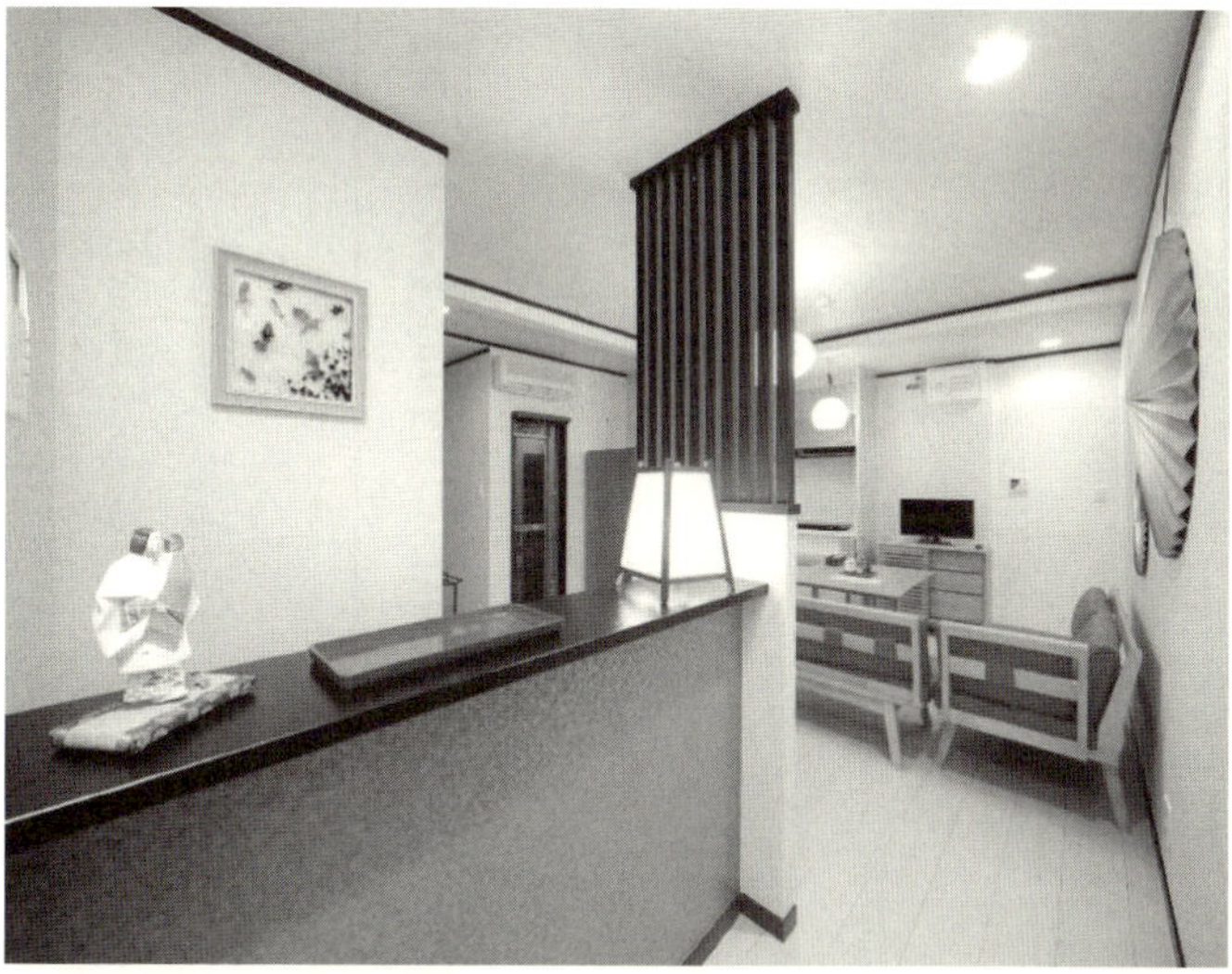

のを選んで装飾したり、試行錯誤しながら作り上げました。

完成後、オーナー様が初めて訪れた際は「全く違う建物になっている！」と、驚きと感動を伝えてくれたことを覚えています。

【世田谷】自宅の一部屋でホームステイ型の民泊

家賃8万円→月の売上20万円

世田谷区にあるホストの2階建てアパートをリフォームした事例です。もとは1階が2部屋、2階が3部屋の賃貸住宅だったものを、1階は全部改修し住宅用にしました。家族4人で住むだけではなく、1部屋は民泊として使用するために、2人が泊まれるようにベッドを作り付けにしてあります。ホームステイ型ですからお風呂・キッチンは家族も一緒に使いますが、トイレはゲスト専用のものがあります。

2階は、3部屋のうち1部屋は一般の賃貸として貸し出していて、2部屋を民泊で使用

しています。もともと、どの部屋も1LDKの賃貸用として貸し出していた部屋なので大きく改造することもなく、1部屋33㎡あるので4人宿泊が可能な民泊になりました。

2つの部屋は仕様が異なっていて、1部屋は和室があり布団を敷きます。もう1部屋はベッドを置きカウンターテーブルを作り付けています。どちらもキッチンはミニキッチンではないので広く使いやすく、水回りはトイレと風呂は別で洗濯機も用意され、長期滞在に適しています。

こちらは民泊新法の家主同居型の届出でやっています。「家主居住型」とは、届出した住宅にゲストを宿泊させる間、住宅宿泊事業者（ホスト）が居住している民泊です。家主居住型で宿泊室が50㎡以下である場合は、単なる「住宅」として取り扱われますので、ホテルや旅館並みの防火設備がいらないということになり、非常用照明や消防設備なども不要です。消防法の検査も比較的簡単だったので、すぐオープンできました。

オーナー（ホスト）は、子どもが2人いる主婦の方です。おもてなしが好きで、ホームステイをした経験もあるそうで、楽しみながら運営されています。

【日暮里】旅館併用型の住宅を新築

家賃13万円↓月の売上60万円

新築の旅館併用型住宅のケースです。エリアは日暮里。日暮里は山手線でアクセスもよく、成田空港からもスカイライナーで1本です。神社仏閣も多く風情のある下町でもあるので、旅館や民泊にぴったりの地域です。

ホストはA社のSさんと長らくお付き合いのある方で、8年ほど前に「郊外のマイホームを売って、もっと都心に移りたい」とご夫婦で相談に来られました。

職場へのアクセスがよい土地を探していたところ、日暮里にいい土地が見つかりました。当初は1階をアパートにした賃貸併用住宅を考えておられましたが、日暮里エリアであればインバウンド需要も多いので民泊・旅館のプランをご提案すると「やってみたい」と興味を持っていただき、1階を旅館、2階を自宅にした旅館併用型住宅となりました。

特に奥さまが外国人のおもてなしに興味をお持ちなので、将来は自分たちで運営することも視野に入れていらっしゃいます。

戸建ての1階部分1フロア貸切で、洋室のリビングに引き戸で仕切れる和室が続いているので、まるで自宅のように過ごせる空間となっています。外観も工夫し、旅館風の雰囲気があるデザインにしました。

駅近でありながら、静かな住宅街という立地もゲストから好評です。

【渋谷周辺】新築2世帯×2棟の高級仕様の旅館

家賃18万円→月の売上100万円（1世帯）

好立地の広い土地に、2戸の旅館を2棟新築した事例です。

もともとはA社のSさんの元に、地主さんが「相続対策で土地を買ってアパートを建てたい」と相談に来られたのがきっかけでした。

その際に購入を検討されていたのが、渋谷駅から2駅、自転車やバスでも渋谷に出られる好立地の土地です。土地面積は160㎡。通常の住宅用地としては広いですが、もともと2区画各80㎡に分けられていたものを、一括で購入したいとのご意向でした。

この立地であれば、普通のアパートよりは旅館に向いています。プランを説明したところ地主さんも乗り気になり、旅館を新築することになりました。

建物はメゾネット（長屋）形式で、上下に完全独立型で2戸ある物件を、2棟並べて建てました。2棟にしたのは将来的に売りやすくなるためです。

コンセプトは「最上級の物件に暮らすように泊まる」です。目指したのは、民泊界のリッツカールトン。そのためにこだわった部分はたくさんあります。

照明は間接照明を使い、モダンな内装に落ち着きと高級感を持たせました。

住宅設備のグレードも上げています。ダブルボールのカウンター洗面台に女優ミラー、お風呂のサイズは１６１６㎜の１坪タイプです。そこに、外国の方が慣れているオーバーヘッドシャワーを追加で設置。室内には、ドラム式洗濯乾燥機。トイレはＴＯＴＯの自動開閉式です。リビングを広くして小上がりを設置し、寝室スペースを確保した間取りも特徴です。

駅から徒歩7分と、そこまで駅近ではないですが、歩いてすぐにコンビニがあり、周囲にちょっとしたお店や神社もあるのでゲストに喜ばれています。

このコンセプトが的中し、1棟あたり月に200万円程度の売上があります。他が追随できない仕様で新築したので、差別化につながっているようです。

第7章

〜著名投資家 Sさん
×
著者 大橋あやか
対談〜

東京一等地での
新築「民泊・旅館」の将来性と、
世界でも稀な
「日本リピーター」旅行者が
増え続けている理由

私が大変お世話になっているA社のSさんこと、白岩貢さんとの対談です。民泊の黎明期からアフターコロナ、最近の活況まで語りました。

また、第1章にて述べた通り、私は今から6年前、ちょうどコロナ禍に突入する直前に世界一周旅行をしていますが、白岩さんは45年前にバックパッカーとして世界を巡ったそうです。そこで泊まった宿をはじめ、多様な宿泊の形についてご紹介いたします。

そして、世界の都市でも珍しい「日本リピーター」が激増していることや、「民泊」がブームで終わらない理由もお話していきたいと思います。

●白岩 貢氏　略歴

不動産投資家、不動産投資アドバイザー。世田谷で工務店経営者の次男として生まれる。バブル時代に株式投資の信用取引に手を出し失敗、夜逃げ、離婚、自己破産を経てタクシー運転手になり、個人タクシー事業許可を取得したが、父親の急死により、土地の相続を受けアパートを新築。

これまでに吹き抜けアパート、賃貸併用住宅、ガレージハウス、小規模旅館など、20年余で累計400棟を超えるサポートを行っている。

伸び続けるインバウンド需要

白岩 コロナ禍を明けてからは、本当に需要が伸びています。

あやか はい。上がり続けていますよね。円安の後押しもあって、外国人旅行客からの需要が増えているのを実感しています。

12月の前半は閑散期ですが、後半の年末年始が異常に単価が上がるので、トータルで見ると年間で一番売上がいいです。

年末年始の後は月によってばらつきはありますが、やはり。3月からの桜のシーズンは繁忙期ですから高稼働しますね。

白岩 オーナーさんは直接ゲストと接することはないのですが「数字がいい！」と大喜びですよ。

あやか　賃貸で貸し出していたときより比にならないですからね。

白岩　少し前の話になりますが、近畿地方の大地主さんがリーマンショック後に、私が勧めて恵比寿や下北沢でアパートを建てた方がいました。

「地元のアパートの家賃が下がる一方なのに、東京は逆に上がっているから信じられない！」と驚かれていました。

それで都内にもっとアパートを増やしたいと検討されたそうですが、「土地値が上がりすぎているから旅館をやりたい」と連絡が来たのです。

たしかに、これから東京でアパートをやろうとすると、土地も建築費も高騰しているからなかなか利回りが出ません。それで「東京で旅館をする」という選択になったわけです。

アパートで換算すると20数坪の土地で、アパート18～20世帯分の家賃収入くらい売上があります。

あやか　最近できた1棟で上下2世帯の旅館は、1カ月に200万近くの売上が出ています。

白岩　とはいえ、自ら旅館をやりたいと言ってくる人はまだまだ少数です。私が長らく新築アパートを手掛けていることから、「アパートを建てたい」という相談のほうが多いです。その際に立地の希望などを話していると、旅館に興味を示される流れですね。

あやか　都内で旅館投資ができる方は限られますから、ご提案するのは「都内が買える方」です。その際に現在の数字を見せると、明らかに皆さん驚かれます。

私は長く関わってきて、市況の波も見ているので実感が湧くのですが、投資する側からすると数字だけを追うので「信じられない」と言われます。「それなら旅館をやってみよう！」という方が少しずつですが増えてきていますね。

白岩　我々が手掛ける案件は小ぶりな旅館というスタイルですが、宿に多様性が

あるように、宿泊業事業に参入する方も多様性があります。「プロに任せたい」という人から、「自分で運営したい」という人まで幅広くできるのが、このビジネスの良いところではないでしょうか。

あやか　はい。よく白岩さんは「立地にこだわれ」という話をしていますが、それは多額の資金を使って新築する場合にお勧めすることで、オーナーが直接おもてなしをする運営方法であれば地方でも可能です。

白岩　そうですね。外国人が宿泊する地方都市を選べばいいと思います。都市によっては日帰り旅行が中心の場所もありますから。うまく需要をつかめば全国にもチャンスがあります。

安易に参入して失敗する人たち

白岩 しかし、儲かると煽られて、「今やらなければ損だ！」と安易に始める人が増えています。

すでに民泊・旅館は、サラリーマン投資家から不動産投資の一種と認識されています。たしかに投資として行う価値はあるけれど、忘れてならないのは客商売だということ。お金だけ出して業者に丸投げしている宿では、タオルが雑巾のようにボロボロ、部屋の掃除が行き届いていないところもザラにあります。

そんな汚い部屋で儲けようと企んでいる人が中にはいるでしょ。私はその感覚が理解できないな。

あやか そういう人って一時的には稼げるかもしれませんが、ゲストからのレビューに響きますから、どうしても長くは続きません。必ず短期間で終わります。

白岩 そう。一過性で儲かったとしてもレビューの影響が強いから、いい加減なことをしていたら自分たちに跳ね返ってきます。だって自分がホテルに泊まるときも、レビューはチェックしますよね。

あやか　はい。もちろん見ますね。

白岩　結局、自分が宿泊するときに気になるところは、ちゃんとしておかないと。やはりゲストの気持ちにならなければ・・・。

あやか　レビューも大事ですが、慣れていない状態で知識不足のまま軽い気持ちで始めて、手間や労力だけかかってしまい、マイナスで終わる現状があると思います。

白岩　特に東京は部屋を買ってやる人も、借りてやる人にとっても、土地が高い場所なので思い描いていたほど楽勝で儲かる業界ではありません。

あやか　その通りですね。

宿が増えても旅行客はもっと増えている

白岩　振り返ると10年くらい前は日本人で民泊をしている人はほとんどいなくて、あの頃は外国人ホストしかやっていなかったですね。

あやか　そうですね。そこからの勢いはすごかったですよ。当時こそが、やれば儲かる時代でした。

白岩　当時は、とにかく受け入れ側のプレイヤーが少なかったでしょう。でも、今は多いけれど来るほうも多いからね。

「今からだと遅いですか」と聞かれることもありますが、ちゃんとやれば今でも儲かります。ホテルも増えているし、民泊の数も急増しているけれど、それ以上に来る観光客の分母が増えたから、「もう遅い」ってことはありません。

民泊業界もきちんと普通に運営ができれば、その分だけしっかり利益が出ます。ちゃんと気持ちよく宿泊してもらう仕組みにして、当たり前のことを当たり前にすればいい。それが基本だと思いますよ。でも、その当たり前が意外とできないんですよ。

あやか　やはりオペレーションは人対人ですから、お客様のニーズを軽視して、目先の利益を優先してしまうと長く続かないのでないでしょうか。

白岩　ニュースでも騒がれているけれど、観光地で外国人向けのメニューがとんでもない価格だったりするでしょう。

それだけの価値があれば高値でもいいけれど、その価値もないのにぼったくり価格にしたら信用を失います。それと同じではないですか。

ゲストとホストの交流の変化

あやか　これは統計ではなくて私の感覚ですが、9年前の民泊は、「Airbnb」が日本的にも世界的にも広がる前だったと思います。泊まりに来るお客様はホームステイのように、ホストとの関わりありきで来ることが多かったです。

それが民泊や民泊を利用する人が世界的に増えていく中で、ゲストとホストが触れ合わない、リモートチェックインやセルフチェックインが当たり前の感覚がお客様にも芽生えています。

昔はホストに会えるのが前提というか、会えないほうが珍しいくらいだったので、お客様も交流があるものとして、ご利用いただいていたのです。今はその逆で、ホテルとして「Airbnb」を使うみたいな。そこは時代と共に変わっている印象です。

白岩　たしかに前はお土産持参のゲストが多かったです。

あやか　相手の家を借りる意識が強かったのかもしれません。

白岩　ああ、そうだろうね。

あやか　今もお土産を持ってきてくださるゲストもいますが、昔に比べたら比率は少ないですね。

「Airbnb」が浸透した結果、以前はホストとゲストで交流できる宿としての民泊・旅館から、宿泊手段としての選択肢の一つに代わったのかもしれません。それに今、日本のホテルが高額ではないですか？

白岩　たしかに高いね。日本だけではないと思うけれど・・・。

それもあって、民泊の客層が変わったというか広がって、加えて運営の仕方も対面からリモートになっていくにつれ、ゲストとホストの交流も希薄になったね。

以前ならトラブルが起きた際、直接顔を合わせていたから多少の不備があっても、その場で指摘されて、対面で謝ることもできだけれど、今はそれがメッセージのやり取りになる分だけ不満が出やすい。

あやか そうですね。運営側としては直接対面しなくても、きめ細やかにゲストをケアするやり方が身についてきたと思っています。

白岩 だからこそ、雑な運営だとトラブルになりやすく、ゲストの不満も大きくなりがち。レビューが悪くなれば客足も落ちるから、その点では昔に比べて運営が難しくなったのかもしれないね。

あやか おもてなしの形が変化していると思います。コラムで紹介した妙子さんの事例のように、かつての民泊と同じスタイルでホストとの交流を求めるゲストもいれば、ホテル感覚で泊まるゲストも増えています。ゲストが求めるものも変わってきているのでしょう。

白岩 私の姉（妙子さん）のような直接のおもてなしには根強いファンがいるから、立地が不利でもできるわけです。きちんと誠実にやって喜ばれるのなら、多少駅から遠かろうが、さっき話したような地方であっても成立するでしょうね。

とにかく、人によってやり方が変わるから面白いね。ビジネスライクに運営する人がいれば、とにかく外国人と触れ合うのが楽しくて仕方がない人もいます。その人なりのやり方でできるのがいいと思うな。

世界の民泊事情

あやか　ところで白岩さんも世界を回られたと聞きました。バックパッカーをしていたのは何年前ですか？

白岩　45年前の20歳の時で、あの頃はめったに日本人とも会わなかったです。当時はまだテロもなくて、みんなリュックに国旗のステッカーを張り付けているから何人なのかすぐにわかりました。アメリカ人やカナダ人は堂々と貼っていましたよ。私も日の丸を貼っていました。

当時のバックパッカーは面白かったですよ。みんな駅や公園で野宿をしていたけれど、私も旅の半分以上は電車や駅で寝泊りしていたなあ。

あやか　ではホテルには泊まらない？

白岩　いや、ちゃんとしたホテルにも泊まりましたよ。でも当時はいろんな形態の宿がありました。

今でも覚えているのはスイス。1階が、今でいうライブハウスでお酒が飲めて、2階が宿なんですよ。そこのバーテンダーに交渉すると鍵を貸してくれて、「はい、部屋に行け」って。客の喧騒が耳にガンガン飛び込んでくる部屋だったけれど、そういうのも面白かったな。当時も『地球の歩き方』などガイドブックはいろいろあったけれど、むちゃくちゃな時代でしたよ。

イスタンブールの旧市街にあるホテルはトイレが汚ないし、天井から南京虫が落ちてきた。値段は500円くらいかな。

民泊といえば、ローマで普通の家に泊まりました。映画に出てくるような古めかしいマンションで、ピンポンって押すとおばあちゃんが出てきて、いきなり「はい、この部屋」と招いてくれるんです。

今思うと、あれ民泊だったんですよ。そのおばあちゃんの家の1部屋がホテルになっていました。だからヨーロッパの人は、今でいう「Airbnb」を昔からやっていたんです。

あとは学生寮。今もあるかもしれないけれど、学生が帰省していないときに泊めていましたね。「よく自分の部屋を貸すな」って驚いた。ヨーロッパは昔からそういう文化が進んでいたんですね。

あやか　私が世界一周をしたのは5年前なので、40年の差がありますね。私の時代は事前にレビューを確認していることもあり、白岩さんの時代と比べたら、どの国でもキレイなところが多かったです。眠れないほど汚い部屋はなかったですね。

白岩　値段はどうだろう？

あやか　中央アジアは900円や1000円です。ヨーロッパの物価が安定している国だと2000～3000円のところが多いですが、それこそ当時のメキシコやウズベキスタンは安かったです。

　今は円安で高くなったかもしれませんが、朝食付きで1000円で泊まれました。部屋は個室ではなく、2段ベッドがいくつかある部屋が多かったです。シャワーのお湯が出ない部屋や出が悪い部屋なんて普通にありました。

白岩　今も安い宿はあるんだ。私が旅行していた時代は今よりもはるかに円安だから、スイスの物価を見て「なんて高いんだ！」とぶっ飛びました。

旅にはいろんなスタイルがあり需要もある

白岩　私はその後もヨーロッパの旧市街など、歴史的建造物を訪れるたびに「いいな」と感動していました。東京に住んでいると電線だらけで魅力を感じないでしょう。

　ところが世界の人から見ると違う。「日本は素晴らしい！」と世界中の人が誉めます。日本を訪れる外国人のyoutubeやTictokのコメントを見たら、「道路にゴミが落ちてない！」と感激してるでしょ。

「日本人は親切で道徳観がある。最先端のテクノロジーと、お寺や神社の古い文化を継承している。こんな国は他にない！」と口をそろえて称賛しています。

そのように海外の人から言われるまで、日本のすごさを当の日本人が知らなかったのではないかと思うんですよ。それを今、私も再認識しています。

あやか　私もそれは感じます。

白岩　私たちは海外へ行っても、ひとつの国を訪れたら同じ国にあまり行かないでしょ？ところが日本は違うんです。何度も何度も日本に来ている人が多い。私の姉も、うちの宿もそうだけれど、リピーターが本当に多い。

それほど日本という国が魅力のある証。この先もリピーターは来るし、新規の来訪者も訪れます。日本はアニメの文化もあるし彼らにとって憧れの国なんですよ。だからとにかく日本に来たい。

そして一度でも来日すると、今度は移住したくなる人が多いというのだから、どんどん訪れるのでしょうね。ただし、それは今の日本である限りです。そのためには今の日本を残しておかないと、ちょっと陰りが出るのではないかな。

あやか 本当にそう思います。白岩さんがおっしゃったように、私たち日本人が気づいていない、日本の日常的なものが、海外の人から見れば魅力的な要素が数多くあります。その種類が無限にあると思うのです。

白岩 そう考えると、この盛り上がりは一過性のものではないと感じるよね。新しい業態とはいえ、それでも10年近くは経っているわけだし、コロナ禍の後も、コロナ前以上に人が訪れているわけだから。

あやか 日本人の真面目な性格も含め、これまで培ってきたものなので早々に変わらないものだから、それらが今後も宿泊業や観光業を後押ししてくれると希望を持っています。

あとは、昔に比べたら簡単に世界中へ行けるようになりました。

ＬＣＣもそうですが、時代の技術の進化で、それこそ発展途上国の人が海外へ旅行ができるようになり、ヨーロッパも昔に比べれば行きやすくなっています。

海外に行くのが国内旅行をするのと同じくらい、当たり前になる時代がやって来るのではないでしょうか。

おわりに

慣れない長文を一生懸命書かせていただきました本書ですが、いかがでしたでしょうか。本書で一番お伝えしたいのは、民泊・旅館業はまだまだチャンスのあるビジネスだということ。

とくにアパートの新築やタワーマンションの購入だけが相続対策だと考えているご家庭に対しては、節税をしながら次世代に資産を残すことができる旅館はぴったりです。すでに10棟以上の成果を出して喜ばれています。

企画から立ち上げ、運営まで、私たちのようなプロにすべてを任せる方法もありますので、相続にご心配のある方は是非ご相談ください。

また、新築やリノベーションなど、大がかりな工事をすることなく、自分の力で挑戦してみたい方であれば、コラムで紹介させていただいた妙子さんのように、家族ぐるみで行う民泊運営も可能ですし、小規模でもしっかり利益を残すことができます。

そんな方であれば、民泊併用住宅をつくって、定年退職後に民泊運営をして、国際交流を楽しみながら年金にプラスアルファの収入を得るプランもあります。

私は家族旅行で5つ星のホテルに泊まったこともありますし、友達と2人で出かけたヨーロッパ周遊や一人で出かけた世界一周旅行で体験したホームステイ型の民泊やゲストハウスなど、幅広い宿泊経験があります。

高級ホテルには高級ホテルの良さ、民泊には民泊ならではの良さがあります。とくに「暮らすように過ごせる快適さ」というのは、今後のインバウンド需要では欠かせない要素になると考えています。

民泊・旅館にビジネスチャンスがある分、新規参入が増えて競合する事態にもなるかもしれませんが、しっかりコンセプトを作ることで、常にゲストに選んでいただける旅館になるよう企画・運営を続けていきたいと考えています。

最後に謝辞を――Sさんこと、白岩貢さんには、学生の頃からビジネスの面白さをはじめ、不動産投資や家づくり、旅館の企画から運営全般について教えていただきました。ありがとうございました。

また、原稿執筆や編集のお手伝いをしてくださった布施さん、出版企画から発売プロモーションまで尽力くださった夢パブリッシングの大熊さん。

本書でご相談事や物件の紹介をさせてくださったオーナーの方々には、日頃から本当にお世話になっております。皆さま、ありがとうございました。

私の最愛の家族にも、お礼を言わせてください。

Sさんと共に企画するアパートや旅館のデザインを手掛ける母。母の存在がなければ、今の仕事には就いていなかったと思います。人生の転機になるきっかけをありがとう。

そして、常に動き続ける私を応援してくれる夫や父をはじめとした家族。みんなの支えや笑顔が、いろいろなチャレンジを後押ししてくれています。本当にありがとう。

最後に、本書の「おわりに」までに読んでくださった読者の皆さまへ。

つたない文章を読んでいただきまして、本当にありがとうございました。本書があなたの成功の一助になれば、こんなに嬉しいことはありません。
そして、日本へ来てくださる世界中の旅行者が日本で楽しい時間を過ごしてもらえますように・・・。

２０２５年１月吉日

大橋　あやか

著者略歴

大橋 あやか（おおはし あやか）

1995年生まれ、静岡県浜松市出身、東京都在住。父は会社役員、母はデザイナーという創造性豊かな家庭環境で育つ。

中学時代から世界に興味を覚え北方領土を訪問、大学時代にはヨーロッパ周遊や世界一周一人旅、国内ヒッチハイクなど、言葉の壁を越えた多彩な交流を経験する。

また、大学を1年間休学をし、民泊事業の立ち上げに携わり、ビジネスを実践的に学ぶ。卒業後はKDDI株式会社に入社。3年間にわたり数字の追求を楽しみつつ店舗ランキング1位を達成するなど成果を出し続ける。

20代で社内結婚。主婦になることを機に本格的に民泊をビジネスとしてスタート。さらなる可能性を広げるため、著名不動産投資家のもとへ修行に赴き建築を学ぶ。また、自らの主導で都内にマイホーム（賃貸併用住宅）も建てる。

現在は東京で11棟23室の民泊を稼働率90%以上で運営中（執筆現在）。本業の傍らに、これまでの多様な国際経験と民泊実績をもとに、働く夫婦に向け「旅館・民泊」を広める活動をおこなっている。人生の目標は、世界100カ国に訪れ「住」の文化を知ること（現在47カ国訪問）。

★ Instagram【aya_life45】
★ 著者サイト　https://ayaka-minpaku.com

20代元OLでもできた！

儲かる「民泊・旅館」投資のはじめ方

著　者　大橋 あやか
発行者　池田 雅行
発行所　株式会社 ごま書房新社
〒167-0051
東京都杉並区荻窪4-32-3
AKオギクボビル201
TEL 03-6910-0481（代）
FAX 03-6910-0482
企画・制作　大熊 賢太郎（夢パブリッシング）
カバーデザイン　堀川 もと恵（@magimo創作所）
DTP　海谷 千加子
編集協力　布施 ゆき
印刷・製本　精文堂印刷株式会社

ISBN978-4-341-08878-1 C0034

ごま書房新社の本

初心者は知っておきたい!
“6つ”の新築アパート投資術

白岩 貢 著

■賃貸併用住宅
■地方・社会貢献アパート
■5億円の相続対策アパート

白岩 貢のアパート経営戦略
サラリーマンはお金持ちに!
お金持ちは資産家に!

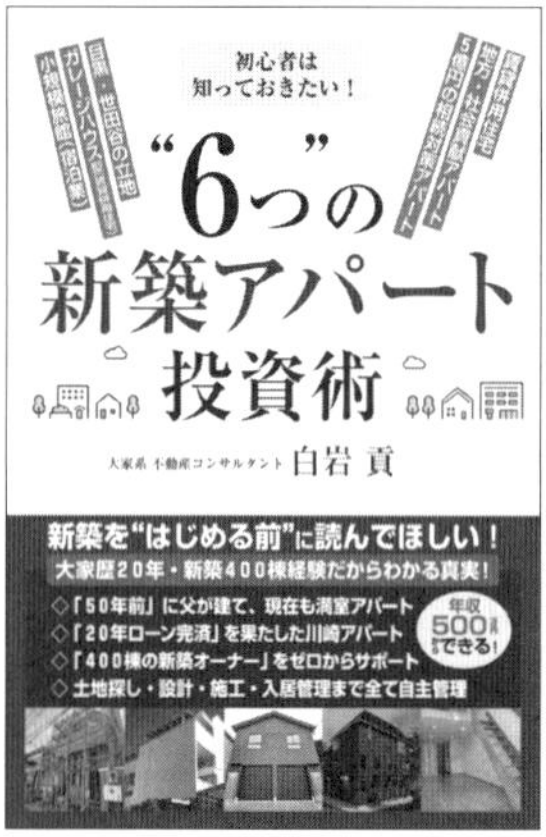

■目黒・世田谷の立地
■ガレージハウス型（賃貸併用住宅）
■小規模旅館（宿泊業）

【新築を“はじめる前”に読んでほしい!】
大家歴20年・新築400棟経験だからわかる真実！
◇「50年前」に父が建て、現在も満室アパート
◇「20年ローン完済」を果たした川崎アパート
◇「400棟の新築オーナー」をゼロからサポート
◇ 土地探し・設計・施工・入居管理まで全て自社管理
最新新築投資を公開！成功パターンは一つではない

定価1760円（税込） 四六判 208頁 ISBN978-4-341-08843-9 C0034